Sekundarstufe

M. Müller & B. Mergen

Stationenlernen

Die Alten Ägypter

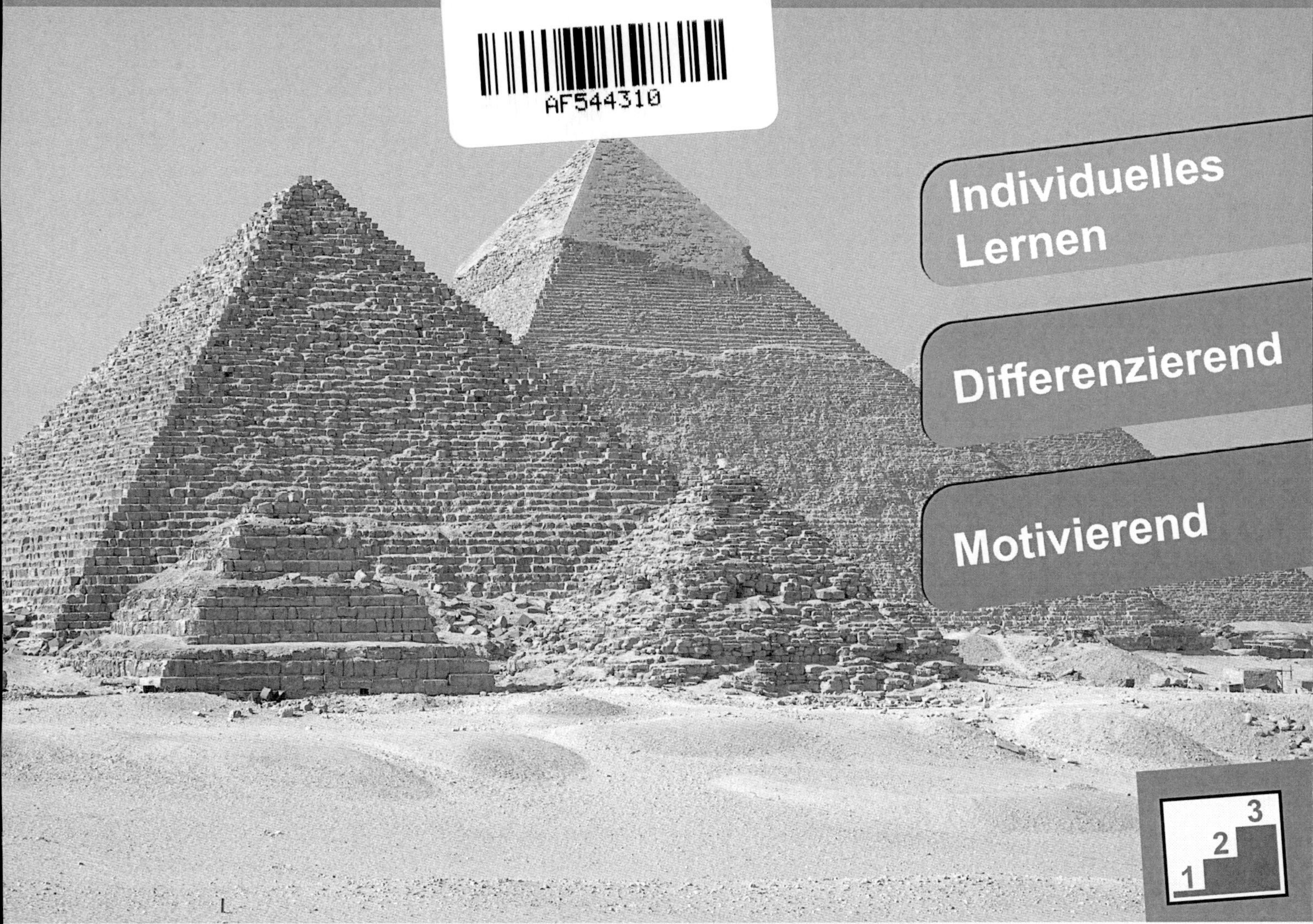

Individuelles Lernen

Differenzierend

Motivierend

- Übersichtliche Aufgabenkarten
- Schnelle Vorbereitung
- Mit Lösungen zur Selbstkontrolle

www.kohlverlag.de

Stationenlernen Die Alten Ägypter

4. Auflage 2022

Inhalt: Michael Müller & Barbara Mergen
Coverbild: © Ricardo Liberato - wikimedia commons
Grafik & Satz: Kohl-Verlag
Druck: Druckhaus DOC GmbH, Kerpen

Bestell-Nr. 12 028

ISBN: 978-3-96040-178-0

Bildquellen:

Seite 9+10 © Matrioshka - Fotolia.com; © en-User-Slof - Wikipedia.de; Seite 11 © Keith Schengili-Roberts - Wikipedia.de; Seite 12 © Didia - Wikipedia.de; Seite 13+14 © Andrei Nekrassov - Fotolia.com; Seite 18 © Keith Schengili-Roberts - Wikipedia.de; © HoremWeb - Wikipedia.de; Seite 19 © Wikipedia.de; © simon gurney - Fotolia.com; Seite 20 © Philip Pikart - Wikipedia.de; © en-User-MykReeve - Wikipedia.de; Seite 22 © Adwo - Fotolia.com; © Hu Totya - Wikipedia.de; Seite 23 © Wikipedia.de; © rbkelle - Fotolia.com; © Classical Numismatic Group - Wikipedia.de; © fotomek - Fotolia.com; Seite 24 © f11photo - Fotolia.com; Seite 25 © Smile - Fotolia.com; © Dan Breckwoldt - Fotolia.com; © National Galleries of Scotland Commons - Wikipedia.de; Seite 26 © de-Benutzer-Allen McC. - Wikipedia.de; © Dan Breckwoldt - Fotolia.com; Seite 27 © Élisabeth RENAULT - Wikipedia.de; © James Baikie - Wikipedia.de; © معبد_ابوسمبل Khalil aswan - Wikipedia.de; Seite 28 © Élisabeth RENAULT - Wikipedia.de; © Dan Breckwoldt - Fotolia.com; Seite 29 © WitR - Fotolia.com; © pxl.store - Fotolia.com; © ayazad - Fotolia.com; © bilhagolan365 - Fotolia.com; © Zerbor - Fotolia.com; Seite 30 © Natalia Merzlyakova - Fotolia.com; © mishabender - Fotolia.com; Seite 31 © Anja Semling im British Museum in London; © hecke71 - Fotolia.com; © terex - Fotolia.com; Seite 33 © Jeanette Dietl - Fotolia.com; © Musée du Louvre - Wikipedia.de; Seite 35 © le désert ! - Wikipedia.de; Seite 36 © Andreas.poeschek - Wikipedia.de; Seite 37+38 © anton_lunkov - Fotolia.com; © gmstockstudio - Fotolia.com; © acrogame - Fotolia.com; Seite 39+40 © aurora72 - Fotolia.com; © anunyathorn - Fotolia.com; Seite 41 © Ewais - Fotolia.com; © Jon Bodsworth - Wikipedia.de; Seite 42 © Jon Bodsworth - Wikipedia.de; Seite 43 © Ricardo Liberato - Wikipedia.de; © Lava Lova - Fotolia.com; Seite 44 © Ricardo Liberato - Wikipedia.de; Seite 45 © Nina Aldin Thune - Wikipedia.de; © merydolla - Fotolia.com; Seite 47 © Jon Bodsworth - Wikipedia.de; © Gérard Ducher - Wikipedia.de; © Didia - Wikipedia.de; © Jeff Dahl - Wikipedia.de; © Festlesen - Wikipedia.de; Seite 48 © Jeff Dahl - Wikipedia.de; © Festlesen - Wikipedia.de; Seite 49 © Jeff Dahl - Wikipedia.de; © simon gurney - Fotolia.com; © Liron Peer - Fotolia.com; © Peter Hermes Furian - Fotolia.com; © NoraDoa - Fotolia.com; © Festlesen - Wikipedia.de; Seite 50 © Jeff Dahl - Wikipedia.de; © simon gurney - Fotolia.com; © Liron Peer - Fotolia.com; © Peter Hermes Furian - Fotolia.com; © NoraDoa - Fotolia.com; © Jeff Dahl - Wikipedia.de; Seite 51+52 © www.selket.de/hochkultur-aegypten/recht-und-ordnung/2/; © Wikipedia.de; Seite 53+54 © Jerzy Strzelecki - Wikipedia.de; Franck Monnier - Wikipedia.de; © Bild-PD-alt - Wikipedia.de; Seite 56 © Gina Sanders - Fotolia.com; Seite 57 © NebMaatRa - Wikipedia.de; © Africa Studio - Fotolia.com; © Dionisvera - Fotolia.com; Seite 58 © NebMaatRa - Wikipedia.de; Seite 59 © magicmine - Fotolia.com; © Unitfreak - Wikipedia.de; © Dan Breckwoldt - Fotolia.com; © bodot - Fotolia.com; Seite 60 © Unitfreak - Wikipedia.de; © magicmine - Fotolia.com; Seite 61 © vectomart - Fotolia.com; © Iakov Kalinin - Fotolia.com; © Christian Müller - Fotolia.com; © fbirr - Fotolia.com; Seie 62 © fbirr - Fotolia.com; Seite 63+64 © byheaven - Fotolia.com; © hecke71 - Fotolia.com; © Kadmy - Fotolia.com

Inhalt

Übersicht

1 Dynastien & Reiche

2 Herrscher & berühmte Persönlichkeiten

3 Bauwerke & Architektur

4 Alltagsleben & Kultur

Übersicht

5 Religion & Glaube

Stationsname	Niveau	Seite
Tempel	⊙	41
Totenkult	✶	41
Pyramiden	!	43
Priester	!	43
Mumien	✶	45
Pharaonen	!	45
Opfergaben	✶	47
Götterwelt-Memory	⊙	47

6 Politik & Verwaltung

Stationsname	Niveau	Seite
Königtum	✶	49
Hauptstadt	!	49
Rechtsprechung	⊙	51
Gesetze	✶	51
Verwaltungsapparat	!	53
Militärwesen	✶	53
Kriege	⊙	55
Steuern & Abgaben	!	55

7 Erkenntnisse & Erfindungen

Stationsname	Niveau	Seite
Astronomie	✶	57
Medizin	✶	57
Mathematik	!	59
Bildhauerei	✶	59
Malerei	!	61
Schrift	!	61
Gärten	⊙	63
Essen & Trinken	!	63

KOHL VERLAG Stationenlernen DIE ALTEN ÄGYPTER – Bestell-Nr. 12 028

Einsatz der Materialien

Sehr geehrte Kolleginnen und Kollegen,

dieses Werk zum Stationenlernen **„Die alten Ägypter"** sollte einen Beitrag dazu leisten können, die alltägliche Arbeit mit Ihren Schülern und Schülerinnen noch effizienter anzugehen. Dabei war es uns besonders wichtig, Stationen zu kreieren, die möglichst schüler- und handlungsorientiert sind und mehrere Lerneingangskanäle ansprechen. Denn nur so kann das Wissen langfristig gespeichert und auch wieder abgerufen werden. Die Reihenfolge der Stationen orientiert sich an der Chronologie der Weltgeschichte. Innerhalb der Stationen wurde die Reihenfolge in allen sieben Hochkulturen gleich gehalten. So können die Schüler die einzelnen Stationen in ihrem individuellen Arbeits- und Lerntempo bearbeiten und sich einen einheitlichen Überblick über die frühzeitlichen Hochkulturen verschaffen. Durch den individuell ausfüllbaren Laufzettel wird bei dieser sehr differenzierten Arbeitsform stets der Überblick gewahrt. Die Materialien eignen sich auch hervorragend für die Selbstlernzeit oder als Ausgangspunkt für Gruppendiskussionen.

Das Heft ist in folgende Bereiche aufgeteilt:

- Dynastien & Reiche
- Herrscher & berühmte Persönlichkeiten
- Bauwerke & Architektur
- Alltagsleben & Kultur
- Religion & Glaube
- Politik & Verwaltung
- Erkenntnisse & Erfindungen

Stationen:

Die Stationskarten enthalten bewusst keine Nummerierung, um einen flexiblen Einsatz zu gewährleisten. So kann jeder selbst entscheiden, welche Stationen er bearbeiten möchte. Dies können beispielsweise lediglich Stationen aus einem Bereich sein, ebenso gut können jedoch Stationskarten aus allen Bereichen vermischt werden. Nach Belieben können Sie die Stationen auch nummerieren, um den Schülern die Zuordnung zu erleichtern. Die Stationen können in Einzel-, Partner- oder Kleingruppenarbeit erarbeitet werden, je nach Vorliebe der Lehrperson bzw. der Klasse.

Einsatz der Materialien

Differenzierung der Aufgaben:

Innerhalb der Bereiche gibt es drei Schwierigkeitsstufen zur Differenzierung:

⊙ G = grundlegendes Niveau

! M = mittleres Niveau

✶ E = erweitertes Niveau

- Die Aufgaben zum *grundlegenden Niveau* sollten von allen Schülern bearbeitet werden.
- Aufgaben mit *mittlerem Niveau* bieten Erweiterungen und höhere Anforderungen als das grundlegende Niveau.
- Die Aufgaben des *erweiterten Niveaus* sind sogenannte Expertenaufgaben und enthalten vertiefende oder weiterführende Inhalte.

Je nach Leistungsstand können Sie jedoch problemlos Stationen anders kennzeichnen.

Lösungen:

Wer die Aufgaben der Schüler korrigiert, hängt zum einen von der Lerngruppe und zum anderen von den Vorlieben des unterrichtenden Lehrers ab. So kann dieser die Verbesserung der Schüleraufgaben selbst übernehmen oder diese Aufgabe in die Verantwortung der Schüler übergeben. In diesem Fall haben Sie die Möglichkeit, die Karten einfach auszuschneiden und zu laminieren. Die passende Lösung befindet sich dann direkt auf der Rückseite der Aufgabe. Das fördert die einfache Selbstkontrolle. Alternativ können Sie die Seiten jedoch auch kopieren und die Lösungen, für die Schüler erkenntlich markiert, an einem anderen Ort positionieren.

Nach dieser kurzen Einführung wünschen Ihnen viel Spaß beim Einsatz der Materialien
Ihr Kohl-Verlag und

Michael Müller & Barbara Mergen

Symbole:  Grundlegendes Niveau ! Mittleres Niveau  Erweitertes Niveau

 Schreibe in dein Heft/in deinen Ordner

Name: ______________________________ Datum: _____________

Stationen-Laufzettel

⊙ Grundlegendes Niveau

Station	Stationsname	erledigt	korrigiert

! Mittleres Niveau

Station	Stationsname	erledigt	korrigiert

✶ Erweitertes Niveau

Station	Stationsname	erledigt	korrigiert

KOHL VERLAG Stationenlernen DIE ALTEN ÄGYPTER – Bestell-Nr. 12 028

Frühdynastische Zeit

Dynastien & Reiche

Die Frühdynastische Zeit bzw. Periode umfasst den Zeitraum von 3100 – 2886 v. Chr. und somit die 1. und 2. Dynastie altägyptischer Pharaonen. Es liegen nicht allzu viele gesicherte Erkenntnisse über diese Frühphase des Alten Ägyptens vor, aber es gilt als sicher, dass der erste gottgleiche König in der Herrscherfolge Menes hieß. Es gelang ihm, Ober- und Unterägypten zu einem großen Reich zu vereinigen. Allerdings kam es unter seinen Nachfolgern innerhalb der frühdynastischen Zeit zu einer erneuten Reichsteilung mit zeitgleich regierenden Königen. Eine Besonderheit dieser frühen Pharaonenzeit war schon, dass ein verstorbener König zusammen mit nahen Verwandten sowie hohen Bediensteten begraben wurde.

Das Frühdynastische Zeit bzw. Periode umfasst den Zeitraum von 3100 – 2886 v. Chr. und somit die 1. und 2. Dynastie altägyptischer Pharaonen. Es hast nicht allzu viele gesicherte Erkenntnisse über diese Frühphase du Alten Ägyptens vor, aber es gilt als sehr, dass der erste gottgleiche König in der Herrscherfolge Menes hieß. Es gelang ihm, Ober- und Unterägypten zu einem großen Reich gut zu vereinigen. Allerdings kam es unter seinen Nachfolgern innerhalb der frühdynastischen Zeit zu einer erneuten Reichsteilung mit zeitgleich regierenden Königen. Eine Besonderheit dieser frühen Pharaonenzeit war schon, dass ein verstorbener König zusammen mit nahen Verwandten sowie hohen Bediensteten gemacht wurde.

Aufgabe 1: *Der zweite Text ist nicht identisch mit dem ersten, denn dort haben sich Viren eingeschlichen und Wörter wurden falsch eingesetzt oder ersetzt. Markiere die Fehler und du erhältst einen Lösungssatz.*

Altes Reich

Dynastien & Reiche

Das Zeitalter des Alten Reiches (2700 – 2200 v.Chr.) ist geprägt von großer politischer Stabilität und Frieden. In diesem Zeitraum, der eine Blütezeit von Architektur und Kunst im Land war, wurden die großen Pyramiden errichtet. Die noch heute weltbekannten drei Pyramiden von Gizeh zählten schon in der Antike zu den Sieben Weltwundern.

- Die Pyramiden von Rhodos.
- Die Zeusstatue der Semiramis zu Babylon.
- Der Leuchtturm des König Mausolos II zu Halikarnassos.
- Die hängenden Gärten von Gizeh in Ägypten.
- Der Tempel der Artemis auf der Insel Pharos vor Alexandria.
- Der Koloss der Artemis in Ephesos.
- Das Grab des Phidias von Olympia.

Die sieben Weltwunder

Aufgabe 1: *Uups, da ist wohl einiges durcheinandergeraten. Wie heißen die Sieben Weltwunder richtig? Korrigiere.*

Stationenlernen DIE ALTEN ÄGYPTER – Bestell-Nr. 12 028

Frühdynastische Zeit

Dynastien & Reiche

Lösungen

Aufgabe 1: **Das** Frühdynastische Zeit bzw. Periode umfasst den Zeitraum von 3100 – 2886 v. Chr. und somit die 1. und 2. Dynastie altägyptischer Pharaonen. Es **hast** nicht allzu viele gesicherte Erkenntnisse über diese Frühphase **du** Alten Ägyptens vor, aber es gilt als **sehr**, dass der erste gottgleiche König in der Herrscherfolge Menes hieß. Es gelang ihm, Ober- und Unterägypten zu einem großen Reich **gut** zu vereinigen. Allerdings kam es unter seinen Nachfolgern innerhalb der frühdynastischen Zeit zu einer erneuten Reichsteilung mit zeitgleich regierenden Königen. Eine Besonderheit dieser frühen Pharaonenzeit war schon, dass ein verstorbener König zusammen mit nahen Verwandten sowie hohen Bediensteten **gemacht** wurde.

Lösungssatz: „Das hast du sehr gut gemacht."

Altes Reich

Dynastien & Reiche

Lösungen

Aufgabe 1:

- ► Die Pyramiden von Gizeh in Ägypten.
- ► Die Zeusstatue des Phidias von Olympia.
- ► Der Leuchtturm auf der Insel Pharos vor Alexandria.
- ► Die hängenden Gärten der Semiramis zu Babylon.
- ► Der Tempel der Artemis in Ephesos.
- ► Der Koloss von Rhodos.
- ► Das Grab des König Mausolos II zu Halikarnassos.

Die sieben Weltwunder

KOHL VERLAG Stationenlernen DIE ALTEN ÄGYPTER – Bestell-Nr. 12 028

Erste Zwischenzeit

!

Dynastien & Reiche

Die sogenannte „Erste Zwischenzeit“ umfasst den Zeitraum von der 7. bis zur 11. Dynastie bzw. etwa die Zeit zwischen 2216 und 2137 v.Chr. Nachdem das „Alte Reich“ bedingt durch innen- und außenpolitischen Frieden eine Blütezeit der Kultur und Architektur (z.B. Monumentalbauten wie Pyramiden von Gizeh) war, schloss sich mit der Ersten Zwischenzeit eine Phase der politischen Spaltung an. Da die politische Einheit des Reiches nicht mehr bestand, regierte nun eine Vielzahl regionaler Fürsten und Könige. Die 9. und 10. Dynastie erreichte von Heraklepolis und die 11. Dynastie gleichzeitig von Theben aus eine relative Machtbasis im Süden bzw. Norden. König Mentuhotep II. gelang schließlich vom Norden aus die Wiedervereinigung des Reiches, welche den Beginn des „Mittleren Reiches“ darstellte.

Mentuhotep II.

Aufgabe 1: *Mentuhotep II. hatte u.a. die Herrschernamen „Der das Herz der beiden Länder leben lässt“ und „Vereiniger der beiden Länder“. – Erkläre diese Namensgebungen.*

Aufgabe 2: *Der Pharao ließ für sich einen Totentempel, mit einer in einem Bergstollen untergebrachten Grabkammer, errichten. Wie wurden im Gegensatz hierzu die Pharaonen im Alten Reich bestattet?*

Stationenlernen DIE ALTEN ÄGYPTER – Bestell-Nr. 12 028

Mittleres Reich

!

Dynastien & Reiche

Während der Zeit des Mittleren Reiches (ca. 2137 bis 1781 v.Chr.) kam es zu einem Skandal. Nachdem Pharao Mentuhotep II. den Pharaonenkult des Alten Reiches wiederaufleben ließ, begann einer seiner Nachfolger namens Amenemhat I. später auch wieder damit, Grabpyramiden zu errichten. Für sein eigenes Grabmal ließ er jedoch nur eine kleine Pyramide errichten, zu deren Bau er seine Arbeiter keine Steine aus einem Steinbruch schlagen, sondern einfach Steinquader aus der Chephren- und Cheopspyramide abtragen ließ.
Das Mittlere Reich war eine wirtschaftliche Blütezeit, in der der Handel florierte und in der die Kunst gefördert wurde. Das vereinigte Ägypten bekam eine neue Hauptstadt namens Theben, welche genau an der Grenze zwischen Ober- und Unterägypten angelegt wurde.

Aufgabe 1: *Was war das Besondere am Status eines Pharaos? Was unterschied diese Könige im Bezug auf ihr Selbstverständnis von Königen unserer Zeit?*

Aufgabe 2: *Nenne mögliche Gründe, weshalb Amenemhat I. die Pyramiden seiner Vorgänger als Steinbrüche plündern ließ, statt selbst Materialien für den Bau seiner eigenen Pyramiden zu besorgen?*

Aufgabe 3: *Wie hieß die neue Hauptstadt, die im Mittleren Reich gegründet wurde? Wo wurde sie gegründet und weshalb entschied man sich für diesen Ort?*

Stationenlernen DIE ALTEN ÄGYPTER – Bestell-Nr. 12 028

KOHL VERLAG

Erste Zwischenzeit

Dynastien & Reiche

Lösungen

Aufgabe 1: Die größte politische Leistung des Pharaos war die Wiedervereinigung vom Süd- und Nordreich zwischen seinem 30. und 39. Regierungsjahr. Um dieses Ziel zu erreichen, musste er mehrere Kriege durchführen und außenpolitisch sehr aggressiv agieren.

Aufgabe 2: Im Alten Reich wurden die Pharaonen in Pyramiden bestattet.

Der Totentempel Mentuhotep II.

Mittleres Reich

Dynastien & Reiche

Lösungen

Aufgabe 1: Die Pharaonen sahen sich selbst als Gottkönige und ließen sich auch als solche verehren. Es gab damals einen wahren Pharaonenkult. Heutige Könige hingegen sind weltliche Herrscher, die keinen gottgleichen Status für sich beanspruchen.

Aufgabe 2: Vielleicht fehlten ihm entweder die entsprechenden finanziellen Mittel, die Baumeister, die Zeit oder ganz einfach die Ausdauer, um solch prächtige Monumentalpyramiden wie seine Vorgänger zu bauen.

Aufgabe 3: Die neue Hauptstadt hieß Theben und sie wurde genau an der Grenze zwischen Ober- und Unterägypten errichtet. Sie sollte die Verbundenheit und die Zusammengehörigkeit des vereinten Ägyptens symbolisieren bzw. festigen.

KOHL VERLAG Stationenlernen DIE ALTEN ÄGYPTER – Bestell-Nr. 12 028

Zweite Zwischenzeit

Dynastien & Reiche

1.	Die Zweite Zwischenzeit umfasst den Zeitraum...	... die sogenannten Hyksos, eine semitische Oberschicht, fanden ihren politischen Aufstieg.
2.	Diese Zeit kennzeichnete im Alten Ägypten den...	... und die Könige der 16. und 17. Dynastie regierten über den Süden des Landes.
3.	In dieser Zeit kam es erneut zu einer staatlichen Zersplitterung in der Geschichte Ägyptens und...	... von der 13. bis zum Ende der 17. Dynastie bzw. etwa die Zeit von 1794 bis 1550 v.Chr.
4.	Die Zersplitterung gestaltete sich so, dass die Hyksos Unterägypten beherrschten...	... Familie große Bedeutung im militärischen Bereich.
5.	In der zweiten Zwischenzeit erlangten vor allem Persönlichkeiten außerhalb der königlichen...	... Übergang vom Mittleren Reich zum Neuen Reich.

Aufgabe 1: *Führe die fünf Sätze richtig weiter. Schreibe dazu den Text in dein Heft ab.*

Aufgabe 2: *Welche Zeiträume und welche Dynastien gehören in diese Zeit? Markiere sie mit einem farbigen Stift in deinem Text.*

Aufgabe 3: *Markiere die wichtigen Themen und Vorkommnisse der zweiten Zwischenzeit.*

Neues Reich

!

Dynastien & Reiche

Hatschepsut-Tempel

Das Neue Reich umfasst den Zeitraum von ca. 1550 bis 1070 v.Chr. und ist neben der Pyramidenzeit die bekannteste der ägyptischen Epochen. Diese Zeit war die Zeit der berühmtesten Pharaonen und beinhaltet die 18., 19. und 20. Dynastie. In der 18. Dynastie herrschten bereits sechs berühmte Pharaonen.
König Ahmose gelang es, die Hauptstadt der Hyksos, Auaris, einzunehmen und die fremden Herrscher aus Ägypten zu vertreiben. Memphis wurde die militärische und Theben die religiöse Hauptstadt des Landes. Königin Hatschepsut begründete ihre Thronansprüche als „Tochter Amuns". In Deir el Bahari baute sie dem Gott zu Ehren den großen Terassentempel. Die größte Ausdehnung seiner Geschichte erfuhr das ägyptische Reich unter Thutmosis III. Seinen wirtschaftlichen und künstlerischen Höhepunkt erreichte Ägypten unter Amenophis III. Dessen Sohn Echnaton schaffte alle Götter ab, gründete Armana als neue Hauptstadt und stürzte Ägypten in eine Krise. Der Nachfolger Tutanchamun führte die alten Götter wieder ein und Memphis wurde Hauptstadt des Reichs.

Aufgabe 1: *Gib dem Text die passende Überschrift.*

Aufgabe 2: *Notiere die berühmtesten Pharaonen der 18. Dynastie.*

Aufgabe 3: *Ordne die Besonderheiten dieser Zeit den Pharaonen zu.*

Zweite Zwischenzeit

Dynastien & Reiche

Lösungen

Aufgabe 1: Die „Zweite Zwischenzeit“ umfasst den Zeitraum von der 13. bis zum Ende der 17. Dynastie bzw. etwa die Zeit von 1794 bis 1550 v.Chr. Diese Zeit kennzeichnete im Alten Ägypten den Übergang vom Mittleren Reich zum Neuen Reich.

In dieser Zeit kam es erneut zu einer staatlichen Zersplitterung in der Geschichte Ägyptens und die sogenannten Hyksos, eine semitische Oberschicht, fanden ihren politischen Aufstieg. Die Zersplitterung gestaltete sich so, dass die Hyksos Unterägypten beherrschten und die Könige der 16. und 17. Dynastie regierten über den Süden des Landes.

In der zweiten Zwischenzeit erlangten vor allem Persönlichkeiten außerhalb der königlichen Familie große Bedeutung im militärischen Bereich.

Aufgabe 2: 13. bis zum Ende der 17. Dynastie
1794 bis 1550 v. Chr

Aufgabe 3:

- ▶ Hyksos, eine semitische Oberschicht, beherrschten Unterägypten
- ▶ Könige der 16. und 17. Dynastie regierten über den Süden des Landes
- ▶ Persönlichkeiten außerhalb der königlichen Familie – Bedeutung im militärischen Bereich

Neues Reich

Dynastien & Reiche

Lösungen

Aufgabe 1: Die Zeit der berühmtesten Pharaonen

Aufgabe 2+3:
- König Ahmose: Hauptstadt der Hyksos, Auaris, einzunehmen – Memphis militärische Hauptstadt – Theben religiöse Hauptstadt
- Königin Hatschepsut: begründete ihre Thronansprüche – Deir el Bahari Terassentempel
- Thutmosis III: größte Ausdehnung der Geschichte Ägyptens
- Amenophis III: wirtschaftlicher und künstlerischer Höhepunkt
- Echnaton: Abschaffung aller Götter – Armana neue Hauptstadt – Krise Ägyptens
- Tutanchamun: Einführung alter Götter – Memphis Hauptstadt

Hatschepsut-Tempel

Dritte Zwischenzeit

Die Dritte Zwischenzeit umfasst die Zeitspanne von ca. 1070 bis 655 v.Chr. Mit dieser Zeit brach eine weitere Periode politischer Zergliederung an. Es bildeten sich zwei Machtzentren heraus. Der Süden wurde von Theben aus durch die Amun-Priesterschaft beherrscht, wohingegen der Norden vom Nildelta aus durch den Pharao beherrscht wurde. Aus dieser Zeit sind neben Tempelbauten vor allem Gräber erhalten. Auf Holzsarkophagen fanden sich Bildzyklen wieder, die zuvor die Wände der Grabkammern schmückten. Durch die Machtzunahme lokaler Herrscher kam es zu einer fortschreitenden Zersplitterung.

Die Dritte Zwischenzeit beginnt mit der 21. Dynastie. In dieser Dynastie entstand in Theben ein neues Machtzentrum, welches vom Hohepriester Amun angeführt wurde. Es fanden keine Bestattungen mehr im Tal der Könige statt, sondern in der neuen Hauptstadt Tanis im Nildelta. Der Libyer Scheschonk I. wurde in der 22. Dynastie neuer Herrscher von Ägypten und legte somit den Grundstein für die Dynastie der Libyschen Könige. In der 23. Dynastie wurde Leontopolis im Nildelta neue Hauptstadt. Eine dritte Herrschaft formierte sich in der 24. Dynastie. Pharao Tefnacht regierte Ägypten aus der Stadt Sais. Während der 25. Dynastie regierten nubische Könige über ganz Ägypten und für kurze Zeit herrschten Assyrer über das Land und verwüsteten die alte Hauptstadt Theben, womit das Ende der Dritten Zwischenzeit eingeläutet wurde.

Aufgabe 1: *Markiere wichtige Ereignisse und Überbleibsel aus dieser Zeit und notiere sie in deinem Heft/ deinem Ordner.*

Aufgabe 2: *Schreibe die Vorkommnisse der einzelnen Dynastien heraus.*

Dynastien & Reiche

Spätzeit

!

.hcieR merelttiM dnu meueN ,metlA sua nredlibroV ned na krats hcis netreitneiro eseiD .rad tieZ egithciw
enie rutaretiL dnu rutketihcrA ,tsnuK ehciereB eid rüf etllets dnu eitsanyD .03 red ednE tnnigeb snetpygÄ
esahpetülB etgidnükegna eiD .nessal nennekre rewhcs run tiezetülB enie eid ,nefpmäkthcaM nehcierlhaz
nov tgärpeg raw tieztäpS eiD .sehcierrednaxelA neßorg sed lieT netpygÄ edruw neßorG ned rednaxelA
hcruD .nebiertrev zu netpygÄ sua redeiw resreP eid ,regeirK nehcsihceirg menie se gnaleg .rhC .v 233 tsrE
.nretpygÄ dnu nresreP nehcsiwz legnaregthcaM segidnäts nie raw sE .nretpygÄ dnu nretpygäthciN osla
,nedmerF nehcsiwz nleshcewthcaM negidnäts zu eitsanyD .13 ruz sib .72 red nehcsiwz se mak ,etgros
snetpygÄ gnuwhcsfuA nellerutluk dnu nehciltfahcstriw nenie rüf timos dnu beirtrev netpygÄ sua reryssA
eid oarahP rehcsitpygä nie eitsanyD .62 red ni medhcaN .retpygÄ red esahpetülB eretiew enie raw (.rhC
.v 233 – 466) tieztäpS eiD

Aufgabe 1: *Achtung, hier musst du den Text anders, als du es gewöhnt bist, lesen. Schreibe den Text richtig in dein Heft/deinen Ordner ab.*

Aufgabe 2: *Schreibe die einzelnen Dynastien (von 26 bis 31) auf und ordne diesen die passenden Zeitspannen zu.*
(ca. 399 – 380 v.Chr.; ca. 664 – 525 v.Chr.; ca. 342 – 332 v.Chr.; ca. 525 – 401 v.Chr.; ca. 380 – 342 v.Chr.; ca. 401 – 399 v.Chr.)

Aufgabe 3: *Erkläre den Begriff „Blütezeit". Nenne die drei Bereiche, auf die sich die Blütezeit bezieht.*

KOHL VERLAG Stationenlernen DIE ALTEN ÄGYPTER – Bestell-Nr. 12 028

Dritte Zwischenzeit

Dynastien & Reiche

Lösungen

Aufgabe 1: Die **Dritte Zwischenzeit** umfasst die Zeitspanne von **ca. 1070 bis 655 v.Chr.** Mit dieser Zeit brach eine **weitere Periode politischer Zergliederung** an. Es bildeten sich **zwei Machtzentren** heraus. Der **Süden wurde von Theben aus durch die Amun-Priesterschaft** beherrscht, wohingegen der **Norden vom Nildelta aus durch den Pharao** beherrscht wurde. Aus dieser Zeit sind neben **Tempelbauten vor allem Gräber** erhalten. Auf **Holzsarkophagen** finden sich nun **Bildzyklen** wieder, die zuvor die **Wände der Grabkammern** schmückten. Durch die **Machtzunahme lokaler Herrscher** kam es zu einer **fortschreitenden Zersplitterung**.

Aufgabe 2:

21. Dynastie:
- neues Machtzentrum in Theben durch Hohepriester Amun angeführt.
- keine Bestattungen mehr im Tal der Könige, sondern in der neuen Hauptstadt Tanis im Nildelta.

22. Dynastie:
- Libyer Scheschonk I. neuer Herrscher von Ägypten
- legte Grundstein für die Dynastie der Libyschen Könige

23. Dynastie:
- Leontopolis im Nildelta neue Hauptstadt

24. Dynastie:
- dritte Herrschaft formierte sich
- Pharao Tefnacht regierte Ägypten aus der Stadt Sais

25. Dynastie:
- nubische Könige regierten über ganz Ägypten
- für kurze Zeit herrschten Assyrer über das Land
- verwüsteten die alte Hauptstadt Theben

Spätzeit

Dynastien & Reiche

Lösungen

Aufgabe 1: Die Spätzeit (664 – 332 v.Chr.) war eine weitere Blütephase der Ägypter. Nachdem in der 26. Dynastie ein ägyptischer Pharao die Assyrer aus Ägypten vertrieb und somit für einen wirtschaftlichen und kulturellen Aufschwung Ägyptens sorgte, kam es zwischen der 27. bis zur 31. Dynastie zu ständigen Machtwechseln zwischen Fremden, also Nichtägyptern und Ägyptern. Es war ein ständiges Machtgerangel zwischen Persern und Ägyptern. Erst 332 v.Chr. gelang es einem griechischen Krieger, die Perser wieder aus Ägypten zu vertreiben. Durch Alexander den Großen wurde Ägypten Teil des großen Alexanderreiches. Die Spätzeit war geprägt von zahlreichen Machtkämpfen, die eine Blütezeit nur schwer erkennen lassen. Die angekündigte Blütephase Ägyptens beginnt Ende der 30. Dynastie und stellte für die Bereiche Kunst, Architektur und Literatur eine wichtige Zeit dar. Diese orientierten sich stark an den Vorbildern aus Altem, Neuem und Mittlerem Reich.

Aufgabe 2:

26. Dynastie: **ca. 664 – 525 v.Chr.**
27. Dynastie: **ca. 525 – 401 v.Chr.**
28. Dynastie: **ca. 401 – 399 v.Chr.**
29. Dynastie: **ca. 399 – 380 v.Chr.**
30. Dynastie: **ca. 380 – 342 v.Chr.**
31. Dynastie: **ca. 342 – 332 v.Chr.**

Aufgabe 3: **Blütezeit**: Eine Zeit, in der etwas den Höhepunkt seiner Entwicklung erreicht hat.
Drei Bereiche: **Kunst, Literatur, Architektur**

Hatschepsut

Herrscher & berühmte Persönlichkeiten

Hatschepsut war eine altägyptische ______________, die etwa von 1479 bis 1458 v.Chr. regierte. Obwohl sie eine bedeutende Königin war, geriet sie bereits kurz nach ihrem Tod in ______________ und ihr Name tauchte in keiner der in Fachkreisen gebräuchlichen ______________ auf. Erst im 19. Jahrhundert fanden Forscher Hinweise auf diese Königin, die zwar nicht die einzige Pharaonin in der ______________ Ägyptens war, jedoch für eine weibliche Herrscherin außergewöhnliche Macht hatte und das Land sehr erfolgreich regierte. Der Hintergrund der Tatsache, dass die Geschichtsschreibung ______________ vergessen hat, war wohl, dass ihr Stiefsohn und Thronfolger Thutmosis III, das Andenken an seine Vorgängerin und ______________ löschen wollte. Nach dem Tod seines Vaters Thutmosis II war ______________ eigentlich der neue Pharao. Da er zu diesem Zeitpunkt jedoch noch zu jung war, übernahm Hatschepsut für 20 lange Jahre die Regentschaft und erhöhte sich selbst zur Pharaonin. Der eigentliche ______________ musste sich bis zum Tod seiner Stiefmutter mit einer untergeordneten Nebenrolle abfinden. Mit dem Beginn seiner Herrschaft war er bestrebt, selbst schnell zu möglichst großer Macht und ______________ zu gelangen. Dies versuchte er zu beschleunigen, indem er eine Vielzahl Inschriften und Bildnisse, die an Hatschepsut erinnerten, vernichten ließ. Manche ______________ vermuten sogar, dass er seine Vorgängerin ermordet hat.

Aufgabe 1: *Setze die folgenden Wörter passend in den Lückentext ein. Schreibe den Text anschließend in dein Heft/in deinen Ordner ab.*

Thutmosis III. – Geschichte – Thronfolger – Hatschepsut – Vergessenheit – Stiefmutter – Historiker – Anerkennung – Königslisten – Pharaonin

Stationenlernen DIE ALTEN ÄGYPTER – Bestell-Nr. 12 028

Echnaton

Herrscher & berühmte Persönlichkeiten

Echnaton war ein altägyptischer Pharao, der das Land etwa zwischen 1351 bis 1334 v.Chr. regierte. Ursprünglich war sein Königsname Amenophis IV. Da er den Gott Aton (die Sonnenscheibe) jedoch sehr verehrte, benannte er sich in „Echnaton" (= der Aton dient) um.

Ausschnitt aus dem Hymnus (Sonnengesang) des Echnaton:

„Schön erscheinst du im Horizonte des Himmels, du lebendige Sonne, die das Leben bestimmt! (...) Du hast die Erde geschaffen nach deinem Wunsch, ganz allein, mit Menschen, Vieh und allem Getier, mit allem was auf der Erde ist, was auf den Füßen herumläuft und allem, was in der Höhe ist und mit seinen Flügeln fliegt. (...) Deine Strahlen säugen alle Felder – wenn du aufgehst, leben sie und wachsen für dich. (...) Die Welt entsteht auf deinen Wink, wie du sie geschaffen hast. (...) Seit du die Welt gegründet hast, erhebst du sie für deinen Sohn (...), den König beider Ägypten, (...) Echnaton (...)",

Ausschnitt aus dem Bibel-Psalm 104:

„Auf, mein Herz, preise den Herrn! Herr, mein Gott, wie groß du bist! (...) Du hast die Erde auf Pfeilern erbaut, nun steht sie fest und stürzt nicht zusammen. (...) Du lässt das Gras sprießen für das Vieh und lässt die Pflanzen wachsen, die der Mensch für sich anbaut, damit die Erde ihm Nahrung gibt: Der Wein macht ihn froh, das Öl macht ihn schön, das Brot macht ihn stark. (...) Herr, was für Wunder hast du vollbracht! Alles hast du weise geordnet; die Erde ist voll von deinen Geschöpfen. (...) Die Herrlichkeit des Herrn bleibe für immer bestehen; der Herr freue sich an allem, was er geschaffen hat! (...) Preist alle den Herrn – Halleluja!"

Aufgabe 1: *Vergleiche den Sonnengesang des Echnaton mit dem Bibel-Psalm 104. Notiere, wer jeweils gepriesen wird und wofür. Beschreibe den jeweiligen Gottglauben.*

Stationenlernen DIE ALTEN ÄGYPTER – Bestell-Nr. 12 028

Hatschepsut

Herrscher & berühmte Persönlichkeiten

Lösungen

Aufgabe 1: Hatschepsut war eine altägyptische **Pharaonin**, die etwa von 1479 bis 1458 v.Chr. regierte. Obwohl sie eine bedeutende Königin war, geriet sie bereits kurz nach ihrem Tod in **Vergessenheit** und ihr Name tauchte in keiner der in Fachkreisen gebräuchlichen **Königslisten** auf. Erst im 19. Jahrhundert fanden Forscher Hinweise auf diese Königin, die zwar nicht die einzige Pharaonin in der **Geschichte** Ägyptens war, jedoch für eine weibliche Herrscherin außergewöhnliche Macht hatte und das Land sehr erfolgreich regierte. Der Hintergrund der Tatsache, dass die Geschichtsschreibung **Hatschepsut** vergessen hat, war wohl, dass ihr **Stiefsohn** und Thronfolger Thutmosis III., das Andenken an seine Vorgängerin und Stiefmutter löschen wollte. Nach dem Tod seines Vaters Thutmosis II. war **Thutmosis III.** eigentlich der neue Pharao. Da er zu diesem Zeitpunkt jedoch noch zu jung war, übernahm Hatschepsut für 20 lange Jahre die Regentschaft und erhöhte sich selbst zur Pharaonin. Der eigentliche **Thronfolger** musste sich bis zum Tod seiner Stiefmutter mit einer untergeordneten Nebenrolle abfinden. Mit dem Beginn seiner Herrschaft war er bestrebt, selbst schnell zu möglichst großer Macht und **Anerkennung** zu gelangen. Dies versuchte er zu beschleunigen, indem er eine Vielzahl Inschriften und Bildnisse, die an Hatschepsut erinnerten, vernichten ließ. Manche **Historiker** vermuten sogar, dass er seine Vorgängerin ermordet hat.

Hatschepsut

Echnaton

Herrscher & berühmte Persönlichkeiten

Lösungen

Aufgabe 1: Echnaton verehrt die Sonne als oberste und einzige Gottheit und sieht sich selbst als ihren Repräsentanten auf der Erde. Der Name Echnaton bedeutet „Der dem Aton = der Sonnenscheibe" dient. Genau wie im Bibelpsalm wird Gott als lebensspendender Schöpfer der Erde und auch als alleinige Gottheit gepriesen. Beide Lobhymnen bedanken sich bei und verehren eine Gottheit für ihre weltlich-göttliche Schöpfung, deren Teil die Autoren sein dürfen. Der jeweilige Gott wird als ordnende Macht angesehen.

Echnaton

KOHL VERLAG Stationenlernen DIE ALTEN ÄGYPTER – Bestell-Nr. 12 028

Herrscher & berühmte Persönlichkeiten

Nofretete

Nofretete war die Ehefrau des altägyptischen Pharaos Amenophis IV. Sie und ihr Ehemann verehrten den Sonnengott Aton als neue und einzige Gottheit (s. Foto). Allerdings glaubten die Alten Ägypter damals noch an viele Götter. Um die Menschen zum neuen Glauben zu bekehren, ließ Amenophis IV die Bilder, Statuen und Inschriften, die andere Götter außer Aton verehrten, zerstören. Als äußeres Zeichen für den neuen Gottglauben gründete Amenophis IV eine neue Hauptstadt namens Achet – Aton in der Wüste. Er und seine Gattin nahmen neue Herrschernamen an und hießen fortan Echnaton und Noferneferuaton. Ihre drei Töchter nannten sie Meketaton, Anchesenpaaton und Meretaton.

Nofretete

Aufgabe 1: *Echnaton und seine Ehefrau verehrten den Sonnengott Aton als alleinige Gottheit. Im Text kommt dessen Name als Wortteil mehrmals vor. Markiere alle „Aton"-Funde bunt.*

Aufgabe 2: *Amenophis IV Gemahlin hieß Nophretete, was übersetzt bedeutete „Die Schöne, die da kommt". Finde im Internet ein Foto der Büste der Pharaonin. Drucke es aus und klebe es in dein Heft/deinen Ordner. In welchem Museum wird diese weltberühmte Büste ausgestellt?*

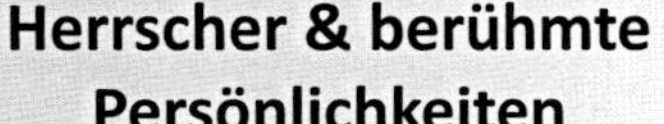

Herrscher & berühmte Persönlichkeiten

Tutanchamun

Tutanchamun

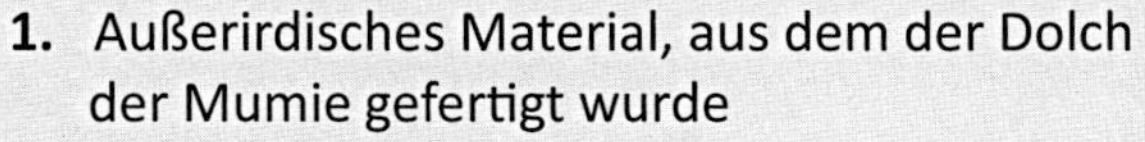

1. Außerirdisches Material, aus dem der Dolch der Mumie gefertigt wurde
2. Früherer Name Tutanchamuns
3. Antike Stadt in der Nähe der Grabstätte
4. Fundort vieler altägyptischer Königsgräber
5. Vermutlicher Vater Tutanchamuns
6. Entdecker seines Grabes
7. Rang Tutanchamuns
8. Gattin Tutanchamuns
9. Weltberühmte Grabbeigabe aus Gold
10. Von ihnen wurde das Grab nicht geplündert
11. Berühmte Tante Tutanchamuns

Aufgabe 1: *Fülle das Kreuzworträtsel (mit Hilfe des Internets) aus.*

Stationenlernen DIE ALTEN ÄGYPTER – Bestell-Nr. 12 028
KOHL VERLAG

Nofretete

Herrscher & berühmte Persönlichkeiten

Lösungen

Aufgabe 1: Nofretete war die Ehefrau des altägyptischen Pharaos Amenophis IV. Sie und ihr Ehemann verehrten den Sonnengott Aton als neue und einzige Gottheit (s. Foto). Allerdings glaubten die Alten Ägypter damals noch an viele Götter. Um die Menschen zum neuen Glauben zu bekehren, ließ Amenophis IV. die Bilder, Statuen und Inschriften, die andere Götter außer Aton verehrten, zerstören. Als äußeres Zeichen für den neuen Gottglauben gründete Amenophis IV. eine neue Hauptstadt namens Achet-Aton in der Wüste. Er und seine Gattin nahmen neue Herrschernamen an und hießen fortan Echnaton und Noferneferuaton. Ihre drei Töchter nannten sie Meketaton, Anchesenpaaton und Meretaton.

Nofretete

Aufgabe 2: Diese Büste der Nophretete wird im Ägyptischen Museum auf der Museumsinsel in Berlin gezeigt.

Tutanchamun

Herrscher & berühmte Persönlichkeiten

Lösungen

Aufgabe 1:

	M	E	T	E	O	R	I	T						
		T	U	T	A	N	C	H	A	T	O	N		
			T	H	E	B	E	N						
		T	A	L	D	E	R	K	O	E	N	I	G	E
E	C	H	N	A	T	O	N							
			C	A	R	T	E	R						
		P	H	A	R	A	O							
			A	N	C	H	E	S	A	M	U	N		
			M	A	S	K	E							
R	A	E	U	B	E	R								
			N	O	P	H	R	E	T	E	T	E		

Tutanchamun

KOHL VERLAG Stationenlernen DIE ALTEN ÄGYPTER – Bestell-Nr. 12 028

Ramses II

!

Herrscher & berühmte Persönlichkeiten

Der sog. „Horusname“ war einer der fünf Königstitel, die altägyptische Pharaonen trugen. Man glaubte damals, dass die Pharaonen die Repräsentanten des fernen Himmelsgottes namens „Horus“, einer der frühen Hauptgötter, seien. Das Symbol des Gottes war ein Falke.

Aufgabe 1: *Male den oben in Form von Hieroglyphen dargestellten Horusnamen Ramses II. in dein Heft und schreibe die Übersetzung (s. Internet) dazu.*

Aufgabe 2: *Was bedeutet das Vogelsymbol am Anfang der bildlichen Darstellung jedes Horusnamens?*

Aufgabe 3: *Wie viele Herrschernamen trugen die altägyptischen Pharaonen (ab der 5. Dynastie)?*

KOHL VERLAG Stationenlernen DIE ALTEN ÄGYPTER – Bestell-Nr. 12 028

Imhotep

Herrscher & berühmte Persönlichkeiten

Imhotep lebte um 2700 v.Chr. und war kein König, sondern in der 3. Dynastie (Altes Reich) ein bedeutender Würdenträger unter König Djoser. Ein Beleg hierfür sind die Ehrentitel, die er schon zu Lebzeiten trug. Man kennt heute seinen genauen Aufgabenbereich nicht mehr, aber es werden ihm u.a. große architektonische Leistungen wie der Bau von Monumentalpyramiden zugeschrieben. Er war wohl auch ein Hohepriester sowie Stellvertreter des Königs.

Aufgabe 1: *Finde im Rätsel folgende Ehrentitel des Imhotep:*

E	X	P	E	D	I	T	I	O	N	S	L	E	I	T	E	R
V	L	J	P	O	R	S	Q	N	K	Ä	X	L	T	G	D	E
I	L	B	A	U	L	E	I	T	E	R	C	J	H	A	F	T
X	K	T	R	W	M	C	L	K	I	P	S	R	W	Q	U	L
F	C	A	X	L	N	B	Z	R	I	O	P	Ü	W	Q	S	A
Q	D	X	N	V	J	R	E	T	i	E	L	T	F	R	E	W
T	U	H	M	Z	H	O	H	E	P	R	I	E	S	T	E	R
X	H	T	O	L	L	B	L	P	U	T	D	S	C	E	K	E
G	L	Z	U	T	W	E	N	K	L	J	f	P	O	R	Y	V
Q	T	X	H	I	B	K	R	O	N	P	R	I	N	Z	S	S
L	E	I	B	K	A	M	M	E	R	D	I	E	N	E	R	T
H	O	P	K	C	F	G	T	S	E	N	I	X	M	C	H	U
A	R	N	K	C	O	Z	H	V	D	O	K	G	T	S	B	G

Kanzler – Bauleiter – Leibkammerdiener – Kronprinz – Gutsverwalter – Expeditionsleiter – Hohepriester – Werftleiter

KOHL VERLAG Stationenlernen DIE ALTEN ÄGYPTER – Bestell-Nr. 12 028

Ramses II

Herrscher & berühmte Persönlichkeiten

Lösungen

Aufgabe 1: 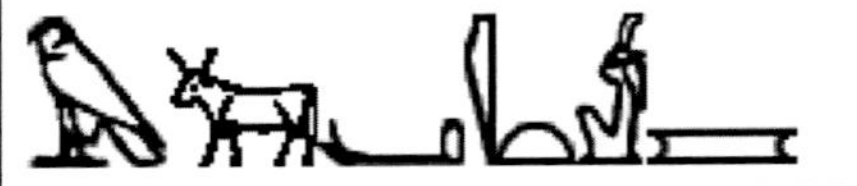 = starker Stier, Geliebter der Maat

Aufgabe 2: *Das Vogelsymbol stellt einen Falken dar. Der Falke war das Zeichen eines der altägyptischen Hauptgötter namens „Horus". Die Pharaonen hatten alle einen speziellen Horusnamen, da man sie als Vertreter des Gottes Horus auf Erden ansah. Horus war zugleich Himmelsgott, aber auch Beschützer der Kinder sowie Gott des Lichtes und der Welten.*

Aufgabe 3: *Die Pharaonen trugen fünf Königstitel: Horusname, Goldname, Thronname, Nebtiname, Eigenname.*

Ramses II.

Imhotep

Herrscher & berühmte Persönlichkeiten

Lösungen

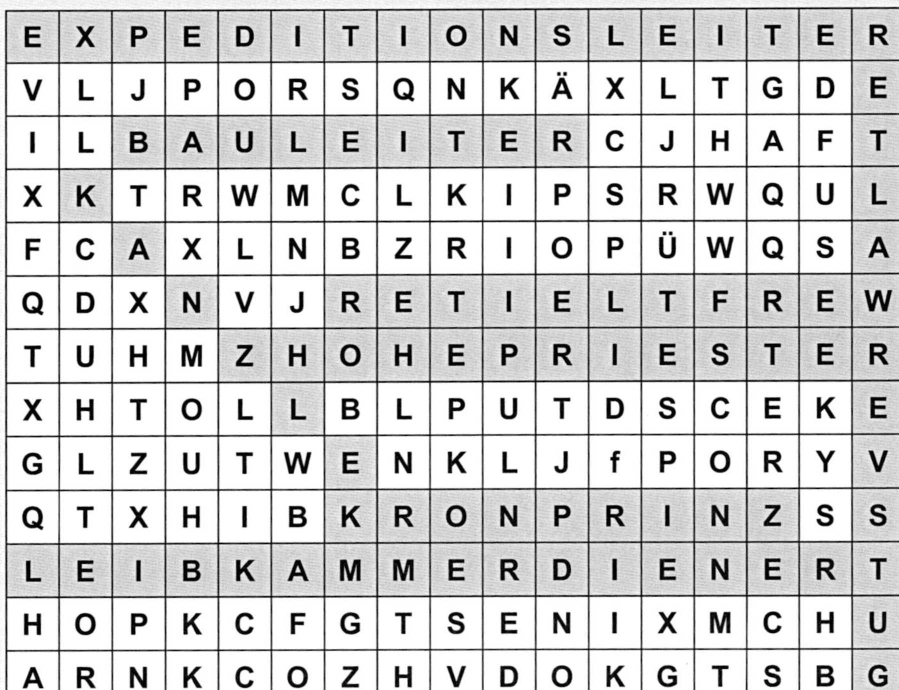

E	X	P	E	D	I	T	I	O	N	S	L	E	I	T	E	R
V	L	J	P	O	R	S	Q	N	K	Ä	X	L	T	G	D	E
I	L	B	A	U	L	E	I	T	E	R	C	J	H	A	F	T
X	K	T	R	W	M	C	L	K	I	P	S	R	W	Q	U	L
F	C	A	X	L	N	B	Z	R	I	O	P	Ü	W	Q	S	A
Q	D	X	N	V	J	R	E	T	I	E	L	T	F	R	E	W
T	U	H	M	Z	H	O	H	E	P	R	I	E	S	T	E	R
X	H	T	O	L	L	B	L	P	U	T	D	S	C	E	K	E
G	L	Z	U	T	W	E	N	K	L	J	f	P	O	R	Y	V
Q	T	X	H	I	B	K	R	O	N	P	R	I	N	Z	S	S
L	E	I	B	K	A	M	M	E	R	D	I	E	N	E	R	T
H	O	P	K	C	F	G	T	S	E	N	I	X	M	C	H	U
A	R	N	K	C	O	Z	H	V	D	O	K	G	T	S	B	G

Imhotep

KOHL VERLAG Stationenlernen DIE ALTEN ÄGYPTER – Bestell-Nr. 12 028

Thutmosis III.

Herrscher & berühmte Persönlichkeiten

Zu den Hinterlassenschaften altägyptischer Herrscher wie Thutmosis III. zählen neben monumentalen Grabmälern, Pyramiden und Tempeln auch Obelisken.

Aufgabe 1: *Rechts ist ein altägyptischer Obelisk zu sehen. Was ist denn eigentlich ein Obelisk?*

Aufgabe 2: *Das Foto zeigt den Obelisken Thutmosis III. im heutigen Istanbul. Wozu ließen die Pharaonen Obelisken fertigen bzw. aufstellen?*

Aufgabe 3: *Wie und weshalb gelangten ursprünglich ägyptische Obelisken in ferne Städte wie Paris, Rom oder Istanbul (heutige Namen)?*

Aufgabe 4: *Nicht nur im Alten Ägypten wurden prachtvolle Obelisken gefertigt und errichtet. Informiere dich im Internet über das „Washington Monument".*

KOHL VERLAG Stationenlernen DIE ALTEN ÄGYPTER – Bestell-Nr. 12 028

Kleopatra VII.

Herrscher & berühmte Persönlichkeiten

Röm. Kaiser Gaius Julius Caesar

Ägypt. Pharaonin Cleopatra VII.

Röm. Feldherr Marcus Antonius

Aufgabe 1: *Finde heraus, in welcher besonderen Beziehung die ägyptische Königin Kleopatra VII., der römische Kaiser Julius Caesar und der römische Feldherr Marcus Antonius standen. In den 60er-Jahren des 20. Jahrhunderts wurde in Hollywood sogar ein legendärer Kinofilm über diese Dreiecksbeziehung gedreht.*

KOHL VERLAG Stationenlernen DIE ALTEN ÄGYPTER – Bestell-Nr. 12 028

Thutmosis III.

Herrscher & berühmte Persönlichkeiten

Lösungen

Aufgabe 1: Ein „Obelisk" ist ein freistehender, hoher, nach oben schmäler werdender Steinpfeiler, der aus einem Steinblock gefertigt wurde. Den oberen Abschluss eines Obelisken bildete eine vergoldete Spitze in Form einer Pyramide, welche ein Symbol für die Sonne war.

Washington Monument

Aufgabe 2: Die Alten Ägypter bezeichneten die Obelisken als „Himmelsspalter". Somit sollte eine Verbindung zwischen der Götterwelt und den Menschen auf Erden geschaffen werden. Die Pharaonen sahen sich selbst als Vertreter der Götter.

Aufgabe 3: Die Obelisken wurden als Kriegsbeute und als Trophäen in die Städte fremder Feldherren gebracht. Sie fungierten als Symbol der Macht bzw. als Siegeszeichen.

Aufgabe 4: Das sog. „Washington Monument" ist ein über 169 m hoher, weißer Marmorturm, der in der zweiten Hälfte des 19. Jahrhunderts in der US-amerikanischen Hauptstadt zu Ehren George Washingtons, des ersten Präsidenten der Vereinigten Staaten, errichtet wurde.

Kleopatra VII.

Herrscher & berühmte Persönlichkeiten

Lösungen

Aufgabe 1: Kleopatra war eine der bedeutendsten Herrscherinnen des Altertums. Als ägyptische Pharaonin musste sie sich ihren Thron zuerst mit ihrem Bruder Ptolemäus III., mit dem sie sehr zerstritten war, teilen. Zur gleichen Zeit lieferte sich Gaius Julius Caesar einen Machtkampf um die Vorherrschaft im Römischen Reich mit seinem Rivalen Pompeius. Während der Auseinandersetzungen floh Pompeius nach Ägypten und wurde dort getötet. Caesar verfolgte seinen Widersacher in das Reich am Nil und lernte dort Kleopatra kennen. Der römische Kaiser verliebte sich in die Pharaonin, besiegte für sie ihren verhassten Bruder und verhalf ihr zur alleinigen Herrschaft über Ägypten. Die beiden bekamen ein Kind und zogen gemeinsam nach Rom. Nach der Ermordung ihres Geliebten musste die Ägypterin mit ihrem Sohn Caesarion in ihre Heimat fliehen.
In Rom stritten sich Caesars Adoptivsohn Octavian (sein späterer Kaisername war Augustus) und der Feldherr Marcus Antonius um die Nachfolge Caesars. Während der Auseinandersetzungen kam Marcus Antonius nach Ägypten und verliebte sich in Kleopatra. Im Jahr 31 v.Chr. konnte der Sohn Caesars die entscheidende Schlacht bei Aktium (im heutigen Griechenland) gewinnen. Als Folge der Niederlage und aus Angst vor Gefangenschaft oder einer Hinrichtung begingen Kleopatra und Marcus Antonius daraufhin gemeinsam Selbstmord.

KOHL VERLAG Lernen mit Erfolg Stationenlernen DIE ALTEN ÄGYPTER – Bestell-Nr. 12 028

Cheops-Pyramide

⊙

Bauwerke & Architektur

Die sog. „Cheops-Pyramide" ist die größte und höchste der altägyptischen Pyramiden auf dem Hochplateau von Gizeh. Aufgrund ihrer Ausmaße wird sie auch „Große Pyramide" genannt. Die noch heute imposant aufragende Pyramide zählt mit ihren Nebenpyramiden zu den „Sieben Weltwundern der Antike". Die Pyramiden wurden als Königsgräber angelegt. Benannt wurde die „Cheops-Pyramide" nach ihrem Auftraggeber, dem altägyptischen Pharao Cheops, der etwa von 2620 bis 2580 v.Chr. regierte. Die quadratische Pyramide hat an ihrer Grundfläche eine Kantenlänge von 230,33 m und eine Höhe von 138,75 m. Ursprünglich wurde die Cheops-Pyramide jedoch sogar mit einer Höhe von 146,59 m erbaut.

Cheops-Pyramide

Aufgabe 1: *Woher hat die „Große Pyramide" in Gizeh ihren Namen?*

Aufgabe 2: *Berechne das ursprüngliche Volumen der Cheops-Pyramide in deinem Heft und male ein Schrägbild einer Pyramide dazu. Die Formel für die Volumenberechnung einer quadratischen Pyramide lautet: $V = 1/3\ G \cdot h$*

Aufgabe 3: *Warum ist die Pyramide heute nur noch 138,75 m hoch?*

Sphinx

!

Bauwerke & Architektur

Der Name „Sphinx" steht in der Mythologie für ein Fabelwesen, welches ein Mischwesen mit Löwengestalt und Menschenkopf darstellt. Die „Große Sphinx von Gizeh" wurde neben der Cheops-Pyramide etwa um 2500 v.Chr. mit einer Länge von etwa 73,5 m und einer Höhe von etwa 20 m aus Steinblöcken erbaut.

Sphinx

Aufgabe 1: *Bis heute ist die Funktion des Bauwerkes auch in Fachkreisen ungeklärt. Hast du eine Idee, zu welchem Zweck die Sphinx errichtet wurde?*

Aufgabe 2: *Vergleiche die beiden Fotos miteinander. Die obere Aufnahme stammt aus heutiger Zeit, die untere Aufnahme datiert von 1858. Versuche aufgrund deiner Beobachtungen abzuleiten, wieso das etwa 4000 Jahre alte Bauwerk so lange so gut erhalten blieb.*

Sphinx

Aufgabe 3: *In einer alten griech. Sage gibt es ein Sphinx-Rätsel: „Welches Lebewesen geht am Morgen auf vier Beinen, am Mittag auf zwei Beinen und am Abend auf drei Beinen?" – Vermagst du dieses Rätsel zu lösen?*

Cheops-Pyramide

Bauwerke & Architektur

Lösungen

Aufgabe 1: Die Cheops-Pyramide ist nach ihrem Erbauer Cheops, einem Pharao der 4. Dynastie des Alten Reiches, benannt. Sie ist auch zugleich sein Grabmal.

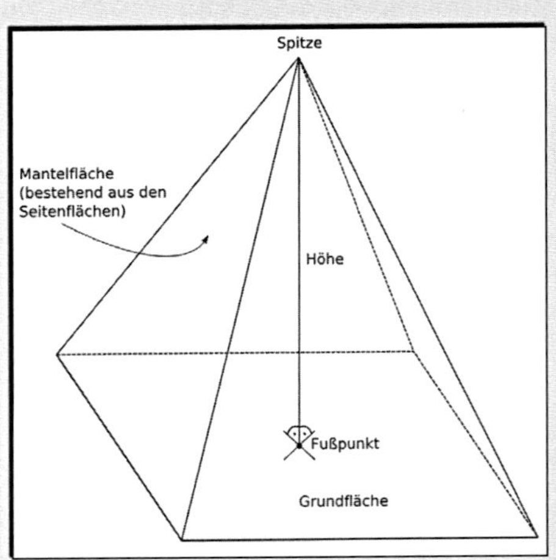

Aufgabe 2: $G = a \cdot a$

$G = 230{,}33\text{ m} \cdot 230{,}33\text{ m}$

$G = 53051{,}909$ Quadratmeter

$V = 1/3\ G \cdot h$

$V = 1/3 \cdot 53051{,}909$ Quadratmeter $\cdot\ 146{,}59$ m

$V = 2592293{,}1$ Kubikmeter

Aufgabe 3: Die Pyramide wurde in späteren Zeiten (aus Kostengründen und Bequemlichkeit) als Steinbruch für andere Bauten benutzt.

Sphinx

Bauwerke & Architektur

Lösungen

Aufgabe 1: Manche Altertumsforscher sind der Meinung, dass die Sphinx die Königsgräber bewachen sollte. Andere erkennen in ihr eine bildliche Darstellung des Sonnengottes Horus oder aber des Pharaos Cheops, welcher in der Pyramide daneben bestattet wurde.

Sphinx

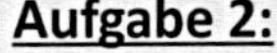

Aufgabe 2: Im Laufe der Jahrtausende wurde die sich in einer Senke befindliche Sphinx von dicken Schichten Wüstensand, die der Wind herbei geweht hat, bedeckt. Zwar wurde das Bauwerk in seiner Geschichte mehrfach vom Sand befreit und freigelegt, aber immer wieder von Sandanhäufungen mit Ausnahme des oberen Teil des Kopfes zugeschüttet. Der Sand schützte die Sphinx vor Umwelteinflüssen und Verwitterung.

Aufgabe 3: Das gesuchte Lebewesen ist der Mensch, der im Kleinkindalter auf allen Vieren krabbelt, als Erwachsener aufrecht auf zwei Beinen geht und als gebrechlicher Greis auf einen Stock gebeugt geht.

KOHL VERLAG Lernen mit Erfolg Stationenlernen DIE ALTEN ÄGYPTER – Bestell-Nr. 12 028

Tal der Könige

Bauwerke & Architektur

Viele altägyptische Pharaonen wurden nicht in Pyramiden, sondern in Felsengräbern im sog. „Tal der Könige“ bestattet. Leider wurden viele Gräber im Laufe der Jahrtausende von Räubern geplündert. Da die Gräber jedoch oftmals gut versteckt sind, fand und findet man allerdings immer noch unversehrte Gräber. Auf der oberen Darstellung kann man die Lage der bisher gefundenen Grabstellen erkennen.

Das Tal der Könige

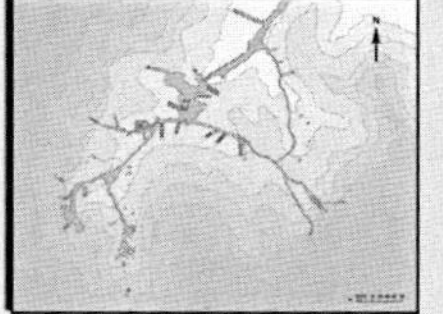

Lageplan

Aufgabe 1: *Begib dich auch auf die Suche und finde im Suchsel die Namen der folgenden im Tal der Könige begrabenen Pharaonen:*

Ramses – Merenptah – Sethos – Tausret – Thutmosis – Hatschepsut – Maiherperi – Juja – Tutanchamun – Echnaton – Amenemope – Siptah

T	H	U	T	M	O	S	I	S	S	M
L	U	Z	E	W	Q	M	B	V	E	E
H	A	T	C	H	E	P	S	U	T	R
N	O	T	A	N	H	C	E	A	H	E
U	R	H	A	N	L	X	C	J	O	N
Z	A	R	B	U	C	A	K	U	S	P
P	M	J	P	L	S	H	N	J	R	T
Y	S	Y	F	R	T	R	A	Z	C	A
W	E	P	O	M	E	N	E	M	A	H
D	S	I	P	T	A	H	A	T	U	U
M	A	I	H	E	R	P	E	R	I	N

Tempel von Abu Simpel

Bauwerke & Architektur

Die beiden Felsentempel von Abu Simbel wurden im 13. Jahrhundert v.Chr. von Pharao Ramses II. an der damaligen Außengrenze des ägyptischen Königreichs errichtet. Sie sollten den Feinden und Nachbarn des Reiches die Macht der Ägypter demonstrieren. Im Zuge der Anlegung des Assuan-Staudamms wurde der Nil zu einem 500 km langen See angestaut. Durch diese Baumaßnahme wurde auch die Position der Abu Simbel-Tempel überschwemmt. Zur Erhaltung wurden die Bauwerke in den 60er Jahren des 20. Jahrhunderts abgetragen und an einer höher gelegenen Stelle am Ufer des neuen Stausees wieder aufgebaut (s. Luftbild).

Tempel von Abu Simbel

Aufgabe 1: *Die beiden altägyptischen Tempel sind seit 1979 als Weltkulturerbe von der UNESCO anerkannt.*

Nimm Stellung dazu, dass die Tempelanlage einem modernen Bauprojekt weichen musste. Gerne könnt ihr in Partner- oder Gruppenarbeit diskutieren und eure Ergebnisse schriftlich festhalten.

Tal der Könige

Bauwerke & Architektur

Lösungen

Aufgabe 1:

T	H	U	T	M	O	S	I	S	S	M
L	U	Z	E	W	Q	M	B	V	E	E
H	A	T	C	H	E	P	S	U	T	R
N	O	T	A	N	H	C	E	A	H	E
U	R	H	A	N	L	X	C	J	O	N
Z	A	R	B	U	C	A	K	U	S	P
P	M	J	P	L	S	H	N	J	R	T
Y	S	Y	F	R	T	R	A	Z	C	A
W	E	P	O	M	E	N	E	M	A	H
D	S	I	P	T	A	H	A	T	U	U
M	A	I	H	E	R	P	E	R	I	N

Das Tal der Könige

Tempel von Abu Simpel

Bauwerke & Architektur

Lösungen

Aufgabe 1: individuelle Lösung

Pro:
Wasserspeicher zur Bewässerung des Landes bei Niedrigwasser und Dürreperioden.

Contra:
Einmaliges Weltkulturerbe, welches im Original absolut schützenswert ist und nicht geschändet oder geändert werden darf.

Tempel von Abu Simbel

Tempel von Karnak

!

Bauwerke & Architektur

Tempelanlagen in Karnak

Vatikanstaat in Rom

Mekka in Saudi-Arabien

Beim Tempelbezirk von Karnak handelt es sich nicht um einen einzigen Tempel, sondern um eine Vielzahl einzelner Tempel und Heiligtümer, die zusammen eine regelrechte Tempelstadt darstellen. Über viele Jahrhunderte lang bildete diese Anlage das religiöse Zentrum des Alten Ägyptens.

Aufgabe 1: *Betrachte dir das Foto der Tempelruinen von Karnak und vergleiche es mit den Aufnahmen vom Zentrum der kath. Kirche, dem Vatikanstaat in Rom sowie dem Zentrum des muslimischen Glaubens rund um die Kaaba in Mekka. – Findest du Gemeinsamkeiten? Welche Aufgabe haben/hatten diese Zentren?*

Pyramidenbau

Bauwerke & Architektur

Sklaven bei der Arbeit

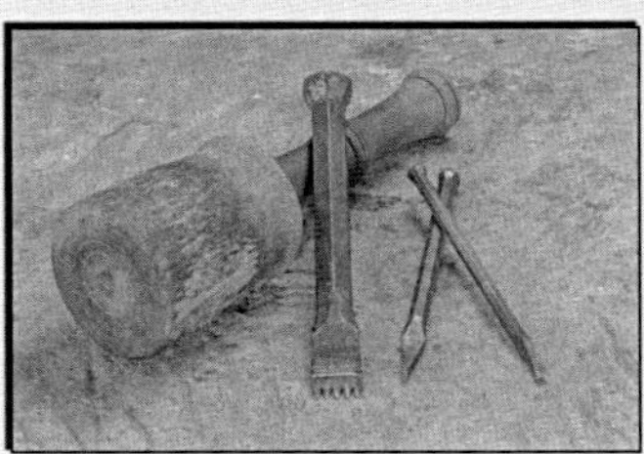

Werkzeug

Die Meinungen von Historikern und Fachleuten in Bezug auf den Bau der Pyramiden sind sehr unterschiedlich. Manche Experten gehen von 20.000 Sklaven und Zwangsarbeitern aus, die für die Errichtung einer großen Pyramide wie die Cheopspyramide schuften mussten. Andere Altertumsforscher wiederum nehmen von dieser These Abstand. Sie sagen, dass ein bauliches Meisterwerk wie die Pyramiden vor so langer Zeit und mit den damals zur Verfügung stehenden bescheidenen technischen Mitteln nur von Fachleuten und Experten geschaffen werden konnte. Sie sind der Meinung, dass höchstens 7.000 freiwillige, bestens geschulte und gut versorgte Meister ihrer Zunft solche Höchstleistungen erbringen konnten.

Aufgabe 1: *Welcher Meinung schließt du dich an? Glaubst du, dass eine Unmenge von Sklaven über Jahre am Bau einer Pyramide mitarbeiten musste oder denkst du eher, dass Facharbeiter und Meister ihres Fachs bzw. nur Freiwillige auf der Baustelle tätig waren? Begründe schriftlich.*

KOHL VERLAG Stationenlernen DIE ALTEN ÄGYPTER – Bestell-Nr. 12 028

Tempel von Karnak

Bauwerke & Architektur

Lösungen

Aufgabe 1: Alle drei Zentren hatten oder haben eine jahrhundertelange Tradition als Zentrum des jeweiligen Glaubens. Viele Gläubige pilgern/pilgerten an diesen heiligen Ort. Die jeweiligen Orte sind/waren ein Zeichen der Verbundenheit und Vereinigung im Glauben. Alle drei Kultstätten sind weitläufige Anlagen mit vielen einzelnen Gebäuden.

Pyramidenbau

Bauwerke & Architektur

Lösungen

Aufgabe 1: individuelle Lösung

KOHL VERLAG Stationenlernen DIE ALTEN ÄGYPTER – Bestell-Nr. 12 028

Wohnen im Alten Ägypten

!

Bauwerke & Architektur

Seelenhäuschen

Auch bereits im Alten Ägypten war die Größe und Ausstattung eines Wohnhauses ein Abbild der finanziellen Mittel und der gesellschaftlichen Stellung der Besitzer. Die meisten Ägypter waren sehr einfache und arme Untertanen des Pharaos. Ihre Wohnhäuser wurden aus Lehmziegeln gebaut und waren in drei Räume (Vorraum, Wohnraum, Küche) sowie einen darunter befindlichen einzelnen Kellerraum unterteilt. Die Häuser hatten zum Schutz vor der Sonne einen ummauerten Innenhof. Die Dächer waren in der Regel flach und über eine Außentreppe zu erreichen. Abends wurden sie von den Bewohnern als kühle Terrassen genutzt und nachts schlief man sogar gelegentlich im Freien. Die Häuser der Oberschicht waren bis zu 50 Mal so groß wie das eines einfachen Bürgers.

Aufgabe 1: *Wieso waren die Häuser im Alten Ägypten unterkellert und hatten stattdessen nicht noch einen oberirdischen Raum mehr? Wieso baute man Flachdächer?*

Aufgabe 2: *Male ein Bild eines einfachen altägyptischen Wohnhauses auf ein Blatt.*

Lehmziegel

Bauwerke & Architektur

Lehmhäuser

Lehmziegel

Die Lehmziegel waren die Bausteine des Alten Ägyptens. Mit ihnen wurden nicht nur die Häuser der einfachen Leute, sondern auch die Königspaläste gebaut. Nur die Pyramiden und Tempel errichtete man aus Steinblöcken.

Zur Herstellung von Lehmziegeln verwendete man eine Mischung aus Ton (Nilschlamm), Sand, Stroh oder Kameldung und Wasser. Diese Masse wurden dann in rechteckige Formen aus Holz gefüllt und in der Sonne langsam getrocknet.

Der Vorteil der Bauweise mit Lehmziegeln in heißen Gegenden ist, dass der Stein die Hitze des Tages absorbiert und das Innere des Hauses somit relativ kühl bleibt. In der Nacht gibt der Stein die gespeicherte Wärme langsam zum Inneren des Gebäudes hin ab. Man muss bedenken, dass die Nächte in Wüstengebieten oft sehr kalt sind.

Aufgabe 1: *Warum verwendete man Steinblöcke nur für den Bau der Pyramiden und nicht auch für Paläste und Wohnhäuser?*

Aufgabe 2: *Welchen Nachteil hatte die Bauweise mit Lehmziegeln, wenn du an das jährlich wiederkehrende Nilhochwasser denkst?*

Aufgabe 3: *Wieso hat man den Ziegelsteinen eigentlich Stroh beigemischt?*

Stationenlernen DIE ALTEN ÄGYPTER – Bestell-Nr. 12 028

Wohnen im Alten Ägypten

Bauwerke & Architektur

Lösungen

Aufgabe 1: Der Keller befand sich häufig unter der Küche und diente als kühler Lagerraum für Trinkwasser und Nahrungsmittelvorräte. Die Dächer waren flach und hatten keine – bei uns weit verbreitete – Sattelform, da es in Ägypten nur äußerst selten regnet.

Aufgabe 2: Individuelle Lösung.

Lehmziegel

Bauwerke & Architektur

Lösungen

Aufgabe 1: Die Alten Ägypter errichteten nur Tempel und Pyramiden aus Steinen, da dies mit ihrem Gottglauben zu tun hatte. In ihren Augen waren Steine ein Baumaterial für die Ewigkeit (des Göttlichen) und somit nur für sakrale Bauten vorgesehen. Der Mensch dagegen war vergänglich.

Aufgabe 2: Lehmziegel sind zwar unempfindlich gegen Luftfeuchtigkeit, nicht jedoch gegen Dauernässe. Gerade stehendes und fließendes Wasser, welches durch das alljährliche Nilhochwasser auftrat, weichte die Mauern aus Lehm auf und die Häuser wurden zu Schlamm bzw. mussten mühevoll neu gebaut werden.

Aufgabe 3: Beim Trocknen in der Sonne verloren die Ziegelsteine Wasser. Damit ihre Tragkraft und Festigkeit nicht verloren ging, mischte man Stroh dazu. Das Stroh bewahrte die Ziegel davor zu brechen.

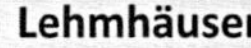

Lehmhäuser

Lehmziegel

Gesellschaft

!

Alltagsleben & Kultur

Der Aufbau des ägyptischen Staates erinnert an eine Pyramide. Das Volk war in verschiedenen Gruppen eingeteilt, an deren Spitze der Pharao stand. Ihm unterstanden direkt seine Ratgeber und die Priester. Einen Rang niedriger folgten die Beamten und Schreiber des Staates. Diesen folgten die Gruppen der Handwerker und Künstler, Händler und Kaufleute. Eine Etage niedriger standen die Bauern. Das Fundament der Gesellschaftspyramide bildeten die Sklaven. Sie wurden auf Raubzügen und in Kriegen in fremden Ländern erbeutet und verschleppt. Sklaven konnten gekauft, verkauft oder gegen Gegenstände eingetauscht werden, sie hatten keinerlei Rechte.

Die Frauen hatten im alten Ägypten ein hohes Ansehen, da sie mehr Rechte besaßen als es in vielen anderen Ländern der antiken Welt üblich gewesen ist. Man vermutet, dass dies daran lag, dass Frauen oft als Bäuerinnen arbeiteten und damit eine wichtige Bedeutung für die Ernährung und die Wirtschaft des Landes hatten. Somit schufen sie sich eine Grundlage, um eigenständig Geschäfte auszuüben. Sie hatten einen eigenen Besitz, den sie vererben oder verkaufen konnten. Die ägyptischen Frauen durften vor Gericht Aussagen machen. Sie durften sogar als Priesterin oder Ärztin arbeiten.

Kinderreichtum war im alten Ägypten sehr willkommen, da die allgemeine Lebenserwartung bei etwa 30 bis 55 Jahren lag.

Aufgabe 1: *Zeichne eine Gesellschaftspyramide des alten Ägyptens.*

Aufgabe 2: *Beschreibe stichwortartig die Rolle der Frau in der Gesellschaft.*

Berufe

Alltagsleben & Kultur

Die ____________ waren sehr geachtet in Ägypten, sie waren gelehrt und hatten einen Beruf, bei dem sie nicht schmutzig wurden und schwer arbeiten mussten.

Die ______________ reisten von einem Ort zum anderen und handelten mit verschiedenen Waren. Sie sorgten dafür, dass jeder im Land genug zu essen hatte und dass der Pharao und seine Vertrauten nicht auf Luxuswaren verzichten mussten.

Weder die Priester noch Schreiber und Kaufleute mussten dem Pharao beim Bau von Pyramiden und Tempeln helfen.

Anders die ____________, ____________und ______________. Sie mussten auf den Feldern und in den Werkstätten harte Arbeit leisten um für Nahrung, Werkzeuge und Waffen zu sorgen.

Außerhalb der Erntezeiten mussten die ____________ beim Bau von Pyramiden und Tempeln hart bis zu 12 Stunden am Tag arbeiten. Sie mussten hohe Abgaben ihrer Ernte und ihrer Waren an den Pharao leisten.

Aufgabe 1: *Im Text werden fünf Berufe beschrieben. Schreibe den Text in dein Heft ab und ergänze die Lücken mit den passenden Berufen.*

REKREWDNAH – REBIERHCS – NREUAB (2x) – ETUELFUAK – RETIEBRA

Aufgabe 2: *Finde mithilfe des Internets weitere Informationen zum Beruf des Schreibers.*

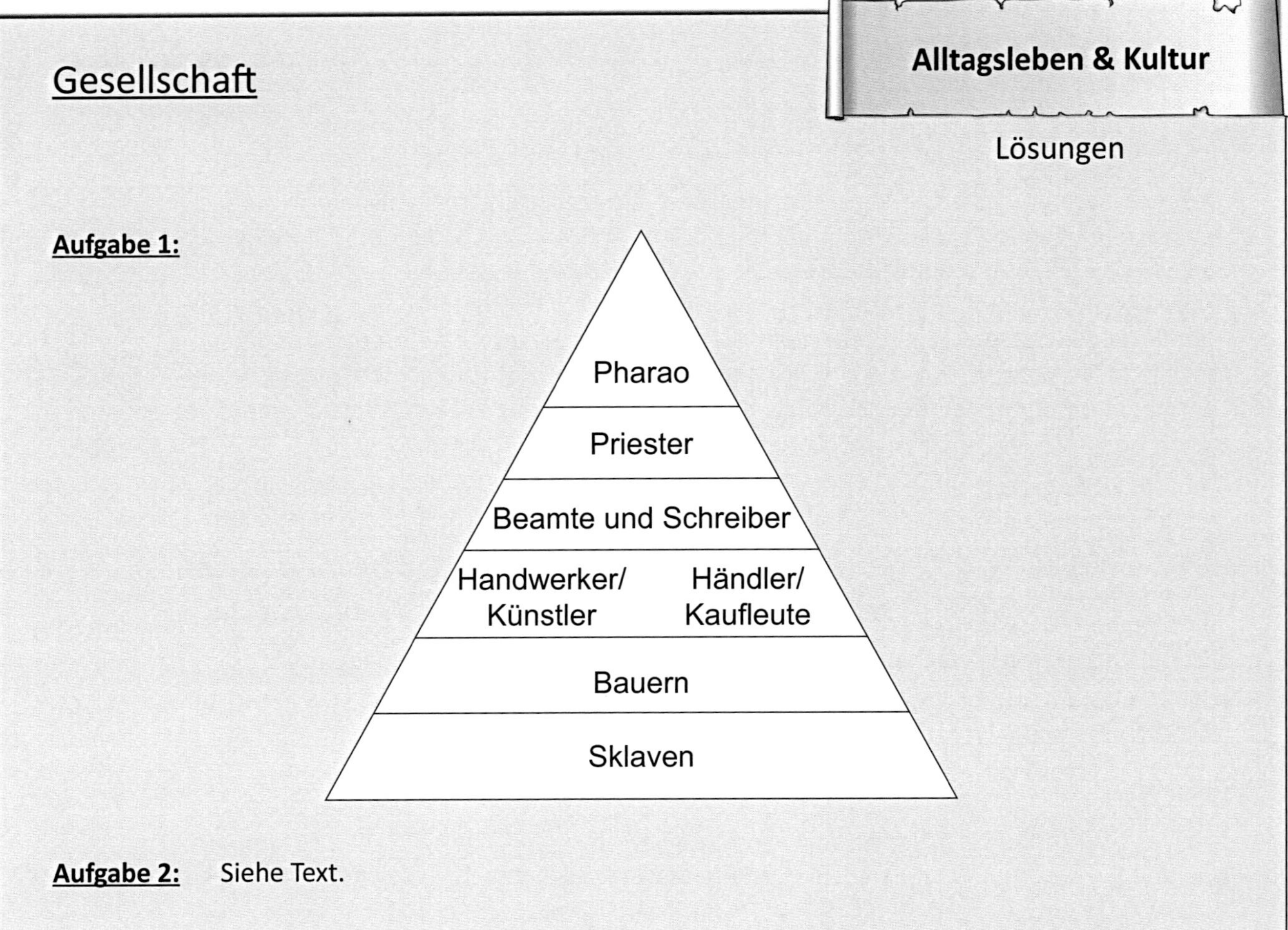

Gesellschaft

Alltagsleben & Kultur

Lösungen

Aufgabe 1:

Aufgabe 2: Siehe Text.

Berufe

Alltagsleben & Kultur

Lösungen

Aufgabe 1: Die Schreiber waren sehr geachtet in Ägypten, sie waren gelehrt und hatten einen Beruf, bei dem sie nicht schmutzig wurden und schwer arbeiten mussten. Die Kaufleute reisten von einem Ort zum anderen und handelten mit verschiedenen Waren. Sie sorgten dafür, dass jeder im Land genug zu essen hatte und dass der Pharao und seine Vertrauten nicht auf Luxuswaren verzichten mussten. Weder die Priester noch Schreiber und Kaufleute mussten dem Pharao beim Bau von Pyramiden und Tempeln helfen. Anders die Bauern, Handwerker und Arbeiter. Sie mussten auf den Feldern und in den Werkstätten harte Arbeit leisten um für Nahrung, Werkzeuge und Waffen zu sorgen.

Außerhalb der Erntezeiten mussten die Bauern beim Bau von Pyramiden und Tempeln hart bis zu 12 Stunden am Tag arbeiten. Sie mussten hohe Abgaben ihrer Ernte und ihrer Waren an den Pharao leisten.

Aufgabe 2:

- Die Schreiber verfügten über Kenntnisse der Schrift.
- Spezialkenntnisse für das Wirtschaftsleben (Verfassen von Schriftstücken und Verträgen)
- Jeder Beamte musste schreiben und rechnen können.
- Alle Gruppen der Bevölkerung konnten die Schreiberausbildung machen.
- Ausbildung dauerte etwa 10 bis 15 Jahre.
- Schreiber hatten viel Macht und Einfluss, da nur wenige Menschen lesen und schreiben konnten.
- ....

KOHL VERLAG Stationenlernen DIE ALTEN ÄGYPTER – Bestell-Nr. 12 028

Lebensader Nil

!

Alltagsleben & Kultur

Der Nil ist heute der einzige Fluss, der als Fremdlingsfluss die Wüste _________ durchquert. Als __________________ bezeichnet man einen Fluss, der Wasser aus ________________ Gebieten über weite Strecken in die trockene, lebensfeindliche Wüste transportiert. Der Nil hat _________ Quellflüsse: den __________ Nil und den Weißen Nil. Sie entspringen in den regenreichen Gebieten am ___________. Am Nil liegen alle wichtigen _________ und _________ des Landes, fast alle _____________ wird hier betrieben. Als ein schmales grünes Band zieht er sich durch die Wüste und bildet somit eine ______________. Sie ist etwa 1.100 km lang, 25 km breit und wird zum Teil von hohen Felswänden begleitet. Durch das jährliche Hochwasser stieg der Wasserstand des Flusses für vier Monate um etwa acht Meter. Diese ________________ verwandelte das Niltal in einen einzigen großen See. Im Alten Ägypten der Pharaonen versorgte das Hochwasser Anfang Juli durch die Überschwemmung die Felder mit kostbarem Nass und genauso kostbarem fruchtbaren Nilschlamm. Somit wurde die Versorgung der Bevölkerung für das ganze Jahr sichergestellt. Nach der Überschwemmung wurden die Felder bestellt. Stieg das Wasser nicht hoch genug, gab es _________________ und _________________, da die Ernte von der Nilschwelle abhängig war.

Aufgabe 1: *Schreibe den Text in dein Heft ab und fülle die Lücken mit den passenden Begriffen.*

Hungersnöte – Blauen – wasserreichen – Landwirtschaft – Städte – Sahara – Fluss – Äquator – Fremdlingsfluss – Nilschwelle – zwei – Flussoase – Missernten – Orte – Nil

Aufgabe 2: *Arbeite mit dem Atlas:* ***a)*** *Wo sind die Quellen des Nils?* ***b)*** *Wo mündet er?* ***c)*** *Wie lang ist er?* ***d)*** *Wie viele Kilometer fließt der Nil durch Ägypten?*

Aufgabe 3: *Erkläre die Begriffe Fremdlingsfluss und Nilschwelle.*

Wasserversorgung

!

Alltagsleben & Kultur

Die jährlichen sommerlichen Hochwasser des Nils bewässerten das ausgetrocknete Land rechts und links des Flusslaufs,	auf den höher gelegenen Feldern.
Jedoch waren die Überschwemmungen oft so gewaltig,	wurden durch Kanäle verbunden.
Somit wurden die Bauern kreativ und haben das Tiefland	sodass die Bauern hier gute Anbauflächen anlegen konnten.
Die einzelnen Felder	an den Deichen geöffnet.
War der Wasserstand des Nils zurückgegangen,	dass die Strömung die komplette Ernte mit sich riss.
Dann wurden die Schleusen	am Fluss mit Deichen geschützt und in große Felder unterteilt.
Somit floss dass Hochwasser	dem Schaduf, in Tonkrügen herangeschafft.
Schwierig war die Bewässerungslandwirtschaft	mussten die Felder bewässert werden.
Das Wasser wurde mithilfe des Hebebaums,	durch die Kanäle in die Felder.

Aufgabe 1: *Schreibe den Text richtig in dein Heft ab. Hierzu musst du die begonnenen Sätze richtig zusammenfügen.*

Aufgabe 2: *Erkläre (gegebenenfalls mithilfe des Internets) den Begriff* ***„Bewässerungslandwirtschaft“***.

Stationenlernen DIE ALTEN ÄGYPTER – Bestell-Nr. 12 028

Lebensader Nil

Alltagsleben & Kultur

Lösungen

Aufgabe 1: Der Nil ist heute der einzige Fluss, der als Fremdlingsfluss die Wüste Sahara durchquert. Als Fremdlingsfluss bezeichnet man einen Fluss, der Wasser aus wasserreichen Gebieten über weite Strecken in die trockene, lebensfeindliche Wüste transportiert. Der Nil hat zwei Quellflüsse: den Blauen Nil und den Weißen Nil. Sie entspringen in den regenreichen Gebieten am Äquator. Am Nil liegen alle wichtigen Orte und Städte des Landes, fast alle Landwirtschaft wird hier betrieben. Als ein schmales grünes Band zieht er sich durch die Wüste und bildet somit eine Flussoase. Sie ist etwa 1.100 km lang, 25 km breit und wird zum Teil von hohen Felswänden begleitet. Durch das jährliche Hochwasser stieg der Wasserstand des Flusses für vier Monate um etwa acht Meter. Diese Nilschwelle verwandelte das Niltal in einen einzigen großen See. Im Alten Ägypten der Pharaonen versorgte das Hochwasser Anfang Juli durch die Überschwemmung die Felder mit kostbarem Nass und genauso kostbarem fruchtbaren Nilschlamm. Somit wurde die Versorgung der Bevölkerung für das ganze Jahr sichergestellt. Nach der Überschwemmung wurden die Felder bestellt. Stieg das Wasser nicht hoch genug, gab es Missernten und Hungersnöte, da die Ernte von der Nilschwelle abhängig war.

Aufgabe 2: **a)** Quellen des Nils: Weißer Nil (Uganda) und Blauer Nil (Äthiopien); **b)** Mündung des Nils: Mittelmeer; **c)** Länge des Nils: 6650 km; **d)** Länge durch Ägypten: 1500 km

Aufgabe 3: Fremdlingsfluss und Nilschwelle: siehe Text

Wasserversorgung

Alltagsleben & Kultur

Lösungen

Aufgabe 1: Die jährlichen sommerlichen Hochwasser des Nils bewässerten das ausgetrocknete Land rechts und links des Flusslaufs, sodass die Bauern hier gute Anbauflächen anlegen konnten. Jedoch waren die Überschwemmungen oft so gewaltig, dass die Strömung die komplette Ernte mit sich riss. Somit wurden die Bauern kreativ und haben das Tiefland am Fluss mit Deichen geschützt und in große Felder unterteilt. Die einzelnen Felder wurden durch Kanäle verbunden. War der Wasserstand des Nils zurückgegangen, mussten die Felder bewässert werden. Dann wurden die Schleusen an den Deichen geöffnet. Somit floss das Hochwasser durch die Kanäle in die Felder. Schwierig war die Bewässerungslandwirtschaft auf den höher gelegenen Feldern. Das Wasser wurde mithilfe des Hebebaums, dem Schaduf, in Tonkrügen herangeschafft.

Ziehbrunnen

Aufgabe 2: Die Bewässerungslandwirtschaft wird auch als Bewässerungsfeldbau betitelt und bezeichnet die Bewirtschaftung des Kulturbodens und die landwirtschaftliche Produktion mit Verfahren künstlicher Bewässerung. Er kommt in Gebieten vor, in denen die Niederschläge für eine landwirtschaftliche Nutzung zu gering sind.

Ästhetik & Hygiene

Alltagsleben & Kultur

Amulett

Gesicht

I	C	H	G	R	B	M	P	Y	S	R	G	P	D	Z	B
L	L	U	N	T	G	R	E	R	J	E	R	P	R	N	L
R	K	D	X	E	C	T	R	F	U	A	I	L	C	Z	Ü
T	O	R	X	U	D	A	Ü	U	F	U	J	F	Z	I	T
R	Q	U	A	W	B	N	C	I	J	I	C	I	E	P	E
H	G	S	G	C	F	Y	K	R	R	I	N	E	Q	P	N
T	K	X	A	E	D	C	E	S	I	Z	Q	R	D	A	K
L	U	T	S	C	H	P	A	S	T	I	L	L	E	N	R
W	M	C	K	K	E	T	T	E	M	B	Z	I	V	S	A
D	I	W	G	F	X	K	W	P	W	G	S	D	P	Q	N
I	H	W	V	J	D	I	T	V	P	N	W	E	G	Y	Z
A	K	A	K	Ö	R	P	E	R	Ö	L	U	Z	R	A	Q
D	U	K	X	L	U	Z	K	A	R	M	R	E	I	F	Z
E	D	P	U	D	E	R	R	T	E	T	Y	R	I	N	G
M	O	S	Y	U	Y	A	Z	R	H	G	O	U	V	T	K
S	E	R	L	I	D	S	C	H	A	T	T	E	N	D	G

Aufgabe 1: *Finde im Suchsel 12 Produkte, die die Alten Ägypter schon für Ästhetik und Hygiene besaßen!*

Puder – Armreif – Blütenkranz – Rouge
Lutschpastillen – Ring – Perücke – Seife
Kette – Diadem – Lidschatten
Körperöl

Aufgabe 2: *Zeichne eine Tabelle in dein Heft und ordne die gefundenen Produkte nach Kategorien. Entscheide dich für drei Oberbegriffe.*

Freizeit

Alltagsleben & Kultur

Im Alten Ägypten gab es noch keine Computer oder Fernseher, daher spielten die Ägypter viel miteinander. Es gab Spiele, die nur von Jungen gespielt wurden, wie Stockfechten, Ringkämpfe, Gewichtheben und Pfeilwurf. Beliebt war auch das Ziegenspiel (Bocksprung), bei dem zwei Jungen sich im Sand gegenüber saßen und nicht umfallen durften, wenn andere über sie sprangen. Mädchen zogen offenbar Geschicklichkeitsspiele vor. Sie übten nach Aussagen der Bilder in ihrer Freizeit akrobatische Tänze oder jonglierten mit Bällen.

Das Reitballspiel – für 4 Mädchen

Die beiden Reiterinnen werfen sich gegenseitig einen Ball zu. – Immer zwei Mädchen bilden ein Paar – wechseln Trägerin und Reiterin – Lässt eine den Ball fallen, – für die nächste Runde die Position. – und tragen als „Pferd" die andere als „Reiterin" auf dem Rücken.

Tauziehen ohne Tau – für mindestens 4 Jungs

und halten sich mit zurückgelehntem Oberkörper – Von hinten fassen je zwei weitere Jungs – an den Handgelenken fest. – Dann kräftig ziehen, – ihren Vordermann mit beiden Händen um den Bauch. – dabei aber mit den Füßen – Die stärkere Mannschaft gewinnt – fest auf dem Boden bleiben! – und zieht den Gegner auf ihre Seite. – Zwei Jungen stellen die Fußzehen gegeneinander

Aufgabe 1: *Schreibe die Spiele der Jungen und Mädchen aus dem Text heraus. Anschließend überlegst du, welche Spiele aus dem Alten Ägypten noch heute gespielt werden könnten und markiere diese farbig.*

Aufgabe 2: *Bringe die Spielanleitung für das „Reitballspiel" und das „Tauziehen ohne Tau" in die richtige Reihenfolge.*

Ästhetik & Hygiene

Alltagsleben & Kultur

Lösungen

Aufgabe 1:

I	C	H	G	R	B	M	P	Y	S	R	G	P	D	Z	B
L	L	U	N	T	G	R	E	R	J	E	R	P	R	N	L
R	K	D	X	E	C	T	R	F	U	A	I	L	C	Z	Ü
T	O	R	X	U	D	A	Ü	U	F	U	J	F	Z	I	T
R	Q	U	A	W	B	N	C	I	J	I	C	I	E	P	E
H	G	S	G	C	F	Y	K	R	R	I	N	E	Q	P	N
T	K	X	A	E	D	C	E	S	I	Z	Q	R	D	A	K
L	U	T	S	C	H	P	A	S	T	I	L	L	E	N	R
W	M	C	K	K	E	T	T	E	M	B	Z	I	V	S	A
D	I	W	G	F	X	K	W	P	W	G	S	D	P	Q	N
I	H	W	V	J	D	I	T	V	P	N	W	E	G	Y	Z
A	K	A	K	Ö	R	P	E	R	Ö	L	U	Z	R	A	Q
D	U	K	X	L	U	Z	K	A	R	M	R	E	I	F	Z
E	D	P	U	D	E	R	R	T	E	T	Y	R	I	N	G
M	O	S	Y	U	Y	A	Z	R	H	G	O	U	V	T	K
S	E	R	L	I	D	S	C	H	A	T	T	E	N	D	G

Aufgabe 2:

Haarschmuck	Körperpflege	Schmuck
Perücke	Puder	Ring
Blütenkranz	Rouge	Kette
Diadem	Lidschatten	Armreif
	Körperöl	
	Seife	
	Lutschpastillen	

KOHL VERLAG Stationenlernen DIE ALTEN ÄGYPTER – Bestell-Nr. 12 028

Freizeit

Alltagsleben & Kultur

Lösungen

Aufgabe 1:

Jungenspiele: Stockfechten, Ringkämpfe, Gewichtheben, Pfeilwurf, Ziegenspiel (Bockspringen), Tauziehen ohne Tau

Mädchenspiele: Geschicklichkeitsspiele, akrobatische Tänze, Bälle jonglieren, Reitballspiel

Aufgabe 2:

Das Reitballspiel – für 4 Mädchen

Immer zwei Mädchen bilden ein Paar und tragen als „Pferd" die andere als „Reiterin" auf dem Rücken. Die beiden Reiterinnen werfen sich gegenseitig einen Ball zu. Lässt eine den Ball fallen, wechseln Trägerin und Reiterin für die nächste Runde die Position.

Tauziehen ohne Tau – für mindestens 4 Jungs

Zwei Jungen stellen die Fußzehen gegeneinander und halten sich mit zurückgelehntem Oberkörper an den Handgelenken fest. Von hinten fassen je zwei weitere Jungs ihren Vordermann mit beiden Händen um den Bauch. Dann kräftig ziehen, dabei aber mit den Füßen fest auf dem Boden bleiben! Die stärkere Mannschaft gewinnt und zieht den Gegner auf ihre Seite.

KOHL VERLAG Stationenlernen DIE ALTEN ÄGYPTER – Bestell-Nr. 12 028

Heirat & Familie

Alltagsleben & Kultur

Die Familie spielte im Alten Ägypten eine große Rolle. Die Ägypter waren sehr kinderlieb. Deshalb war es für viele der größte Wunsch, eine eigene Familie zu gründen. Somit hatten die meisten Familien mehrere Kinder. Dies war für die Eltern auch eine Altersvorsorge. Eine Ägypterin heiratete im Schnitt schon mit ungefähr 12 bis 13 Jahren, Jungen mit etwa 20 Jahren, wenn sie ihre Berufsausbildung abgeschlossen hatten. Die Ägypter hatten meistens die freie Wahl, wen sie heiraten wollten. Allerdings gab es neben Liebesheiraten auch arrangierte Ehen. Diese waren jedoch die Ausnahme.

Ein intaktes Familienleben erfuhr im Alten Ägypten eine hohe Wertschätzung und ein Ehebruch war höchst verachtenswert.

In der Familie gab es eine Rollenverteilung: ______________________________

____

____

Aufgabe 1: *Erkläre den Begriff „Altersvorsorge". Wie könnte diese im Alten Ägypten ausgesehen haben?*

Aufgabe 2: *Vergleiche das Heiratsalter der Alten Ägypter mit der heutigen Zeit. Suche eine Begründung für das junge Heiratsalter.*

Aufgabe 3: *Wie könnte die Rollenverteilung im Alten Ägypten ausgesehen haben, wenn es bereits die Gleichstellung von Mann und Frau gab? Ergänze die Linien.*

Kleidung

!

Alltagsleben & Kultur

Die kleineren Leute schwitzten sehr viel bei ihrer Arbeit unter der heißen Pergola. Daher interessierten sie sich weniger für Schwimmbäder. Die reicheren Ägypter hingegen kleideten sich billig und unattraktiv. Die Männer trugen einen Kamm, der vorne verknotet wurde. Die Frauen hatten Spiegel mit Trägern. Unfreundliche Frauen trugen edle Leinenkleider, die mit bunten Instrumenten besetzt waren. Reiche Tiger hatten weite Umhänge über ihren Schultern oder trugen lange Zeitungen. Doch alle Ägypter, ob arm oder reich, achteten auf Preise ihrer Kleider. Alle Kleider waren aus weißem Lehm. Das war angenehm leicht und hart auf der Sonne und brachte den kostbaren farbenprächtigen Mandala richtig gut zur Geltung. Arbeiter, Soldaten und Katzen trugen einen groben weißen Lendenschurz. Jungen trugen Schurz und Mädchen ein Kleid.

Aufgabe 1: *Achtung! In diesem Text haben sich Fehler eingeschlichen. Schreibe den Text richtig in dein Heft ab. Die folgenden Wörter können dir dabei behilflich sein. Jedoch wurden deren Buchstaben beim Druck ordentlich verdreht.*

rämeren – onSne – leKider – aufgändiw – ueter – denLenschruz – keinenleiderL – Wahlhobnede – plasGerlen – nänMer – weGänder – leinRichteik – neiLen – lühk – aHut – muSchck – nieDer

KOHL VERLAG Stationenlernen DIE ALTEN ÄGYPTER – Bestell-Nr. 12 028

Heirat & Familie

Alltagsleben & Kultur

Lösungen

Aufgabe 1:

- ► Der Begriff „Altersvorsorge" umfasst alle Maßnahmen, die ein Mensch während des Lebens trifft, damit er im Alter oder nach dem Ende seiner Ausübung des Berufs seinen weiteren Lebensunterhalt bestreiten kann.
- ► Eltern und Kinder waren in der Familie gegenseitig füreinander verantwortlich und der Zusammenhalt sollte auch im Jenseits Fortbestand haben. Die Kinder mussten für die Beerdigung der Eltern sorgen und die dazu nötigen Vorbereitungen treffen.

Aufgabe 2:

Altes Ägypten: Die Alten Ägypter heirateten so jung, da sie nicht so alt wurden wie die heutige Gesellschaft. Die Alten Ägypter hatten eine Lebenserwartung von 30 bis 55 Jahren.

Deutschland heute: Heiratsalter bei Frauen: 31 Jahre
Heiratsalter Männer: 33,7 Jahre
Lebenserwartung: 80 (Männer) bzw. 89 Jahre (Frauen)

Kleidung

Alltagsleben & Kultur

Lösungen

Aufgabe 1: Die ärmeren Leute schwitzten sehr viel bei ihrer Arbeit unter der heißen Sonne. Daher interessierten sie sich weniger für Kleider. Die reicheren Ägypter hingegen kleideten sich aufwändig und teuer. Die Männer trugen einen Lendenschurz, der vorne verknotet wurde. Die Frauen hatten Leinenkleider mit Trägern. Wohlhabende Frauen trugen edle Leinenkleider, die mit bunten Glasperlen besetzt waren. Reiche Männer hatten weite Umhänge über ihren Schultern oder trugen lange Gewänder. Doch alle Ägypter, ob arm oder reich, achteten auf Reinlichkeit ihrer Kleider. Alle Kleider waren aus weißem Leinen. Das war angenehm leicht und kühl auf der Haut und brachte den kostbaren farbenprächtigen Schmuck richtig gut zur Geltung. Arbeiter, Soldaten und Diener trugen einen groben weißen Lendenschurz. Jungen trugen Schurz und Mädchen ein Kleid.

KOHL VERLAG Stationenlernen DIE ALTEN ÄGYPTER – Bestell-Nr. 12 028

Stationenlernen DIE ALTEN ÄGYPTER – Bestell-Nr. 12 028

Tempel

Religion & Glaube

Dieägyptischentempelwarenriesigeverwaltungszentren, indenensichschreiberumländereienundbediensteteumzahlreichereichtümerkümmerten. Diereichtümerstammtenausschenkungendespharaosundderoberschichtundausdenwirtschaftlichenerträgendestempels. Diegotteshäuserwurdengernegroßzügigbeschenkt, dadiemenschensichdamiterhofften, diegunstdesheiligengotteszuerkaufen.

Handwerker, wiebildhauer,maurer,maler usw.zähltenebenfallszueinemägyptischentempel. Dennsiebeliefertendessenschatzhausmitihrenproduktenundschmücktendietempelwändemitmalereienunddietempelhallenmitriesigenstatuen. Fürdieunterhaltungdergöttersorgtentänzerundsängerinnen. Diealtenägypterdachtenschonzweckmäßig,daherwurdenwaffenundstreitwagenindentempelwerkstättenhergestellt.

Nebendenhandwerklichenbereichenlagimtempelauchdaszentrumdeswissens. Schriftrollenmitantikentextenundmagischenformelnwurdenhieraufbewahrt. Schülerlerntenim„Haus des Lebens“ diemethodenderwissenschaft,medizinundmagie. Auchdiebeobachtungeninder astronomiewurdenhiernotiert.

Dietempelimaltenägyptenwarenzusammengefasstein„Zentrumdeswissensundmammons“.

Aufgabe 1: *Im Text hat sich ein Virus eingenistet. Schreibe den Text richtig in dein Heft.*

Aufgabe 2: *Erkläre den Begriff „Mammon“ und beschreibe, weshalb der Tempel auch „Zentrum des Wissens und Mammons“ genannt wurde.*

Tempel

Säulen

Aufgabe 3: *Vergleiche die Funktion des Tempels mit der Kirche. Nenne vier Grundfunktionen der Kirche.*

Stationenlernen DIE ALTEN ÄGYPTER – Bestell-Nr. 12 028

Totenkult

Religion & Glaube

Das Totengericht des Hunefer

Hunefer (der Verstorbene) kniet vor 14 Göttern und erzählt aus seinem Leben ( ). Anubis ( ) führt den Toten ( ) zur Waage der Gerechtigkeit. Dort wird sein Herz ( ) gegen eine Feder ( ) aufgewogen. Wenn der Tote kein gutes Leben geführt hat, ist das Herz schwerer als die Feder und die Fresserin der Sünder ( ) verschlingt das Herz des Toten. Thot, der vogelköpfige Schreibergott ( ) hält das Ergebnis der Prüfung fest. Horus ( ) führt nun Hunefer vor Osiris ( ), den Herrscher des Totenreiches, der von zwei weiteren Göttinnen ( ) begleitet wird.

Lösungswörter: __ __ __ - __ __ und __ __ __ __

Aufgabe 1: *Im Text fehlen die Buchstaben. Ordne den Beschreibungen die richtigen Buchstaben zu. Schaue dir dazu das Bild genau an und trage die Buchstaben an die richtige Textstelle. Hast du die Reihenfolge richtig erarbeitet, erhältst du als Lösungswort die Namen zweier Götter.*

Tempel

Religion & Glaube

Lösungen

Aufgabe 1: Die ägyptischen Tempel waren riesige Verwaltungszentren, in denen sich Schreiber um Ländereien und Bedienstete um zahlreiche Reichtümer kümmerten. Die Reichtümer stammten aus Schenkungen des Pharaos und der Oberschicht und aus den wirtschaftlichen Erträgen des Tempels. Die Gotteshäuser wurden gerne großzügig beschenkt, da die Menschen sich damit erhofften, die Gunst des heiligen Gottes zu erkaufen.

Handwerker wie Bildhauer, Maurer, Maler usw. zählten ebenfalls zu einem ägyptischen Tempel. Denn sie belieferten dessen Schatzhaus mit ihren Produkten und schmückten die Tempelwände mit Malereien und die Tempelhallen mit riesigen Statuen. Für die Unterhaltung der Götter sorgten Tänzer- und Sängerinnen. Die Alten Ägypter dachten schon zweckmäßig, daher wurden Waffen und Streitwagen in den Tempelwerkstätten hergestellt.

Neben den handwerklichen Bereichen lag im Tempel auch das Zentrum des Wissens. Schriftrollen mit antiken Texten und magischen Formeln wurden hier aufbewahrt. Schüler lernten im „Haus des Lebens" die Methoden der Wissenschaft, Medizin und Magie. Auch die Beobachtungen in der Astronomie wurden hier notiert. Die Tempel im Alten Ägypten waren zusammengefasst ein „Zentrum des Wissens und Mammons"

Aufgabe 2: Mit Mammon wird ein unmoralisch eingesetzter Reichtum bezeichnet. In der heutigen Zeit wird auch mit diesem Begriff abschätzig das Geld im Allgemeinen bezeichnet.

► Im Tempel spielte neben dem Wissenserwerb und der Wissensweitergabe das Geld eine sehr wichtige Rolle. Das Geld wird hier als unmoralisch eingesetztes Zahlungsmittel eingesetzt. Der Tempel symbolisierte Reichtum und die Macht des Wissens.

Aufgabe 3: Grundfunktionen/Aufgaben: **1.** Verkündigung **2.** Gottesdienst **3.** Nächstenliebe **4.** Gemeinschaft

Totenkult

Religion & Glaube

Lösungen

Aufgabe 1: **Das Totengericht des Hunefer**

Hunefer (der Verstorbene) kniet vor 14 Göttern und erzählt aus seinem Leben (**A**). Anubis (**M**) führt den Toten (**U**) zur Waage der Gerechtigkeit. Dort wird sein Herz (**N**) gegen eine Feder (**R**) aufgewogen. Wenn der Tote kein gutes Leben geführt hat, ist das Herz schwerer als die Feder und die Fresserin der Sünder (**E**) verschlingt das Herz des Toten. Thot, der vogelköpfige Schreibergott (**I**) hält das Ergebnis der Prüfung fest. Horus (**S**) führt nun Hunefer vor Osiris (**I**), den Herrscher des Totenreiches, der von zwei weiteren Göttinnen (**S**) begleitet wird.

Lösungswörter: **A M U N - R E** und **I S I S**

Pyramiden

!

Religion & Glaube

Alle Pyramiden von Gizeh

Die Ägypter nannten die Pyramiden „Häuser für das ewige Leben“, denn sie waren fest davon überzeugt, dass es ein Weiterleben nach dem Tod gab. Daher war es wichtig, dass der Pharao auch nach seinem Tod ein angemessenes Haus besaß. Die ägyptischen Könige wollten auch im Tod ihren Ruhm und ihre Macht zeigen. Die Pyramiden sollten an den Ruhm und die Taten des Pharaos erinnern. Jede Pyramide ist ein riesiges und beeindruckendes Bauwerk, das für die Pharaonen als Grabstätte gebaut wurde.

Im Inneren der Pyramiden lag die Grabkammer des Königs. In den Pyramiden wurden viele Irrwege eingebaut, damit die Grabkammer des Pharaos nicht von Grabräubern gefunden werden und er in seiner Totenruhe nicht gestört werden konnte. An den Wänden standen Texte in Hieroglyphen, die das Begräbnis des Königs und seinen Weg ins Jenseits beschrieben.

Aufgabe 1: *Warum nannten die Ägypter die Pyramiden „Häuser für das ewige Leben“?*

Aufgabe 2: *Kreuze die richtige Antwort an! Jede Pyramide ist für die Pharaonen ein/e*
- ❑ *Wohnhaus*
- ❑ *Grabstätte*
- ❑ *Spielplatz*

Aufgabe 3: *Welche Bedeutung haben die Irrwege im Inneren der Pyramide?*

Aufgabe 4: *Der Text ist in zwei Abschnitte aufgeteilt. Finde zwei passende Überschriften. Notiere sie im Heft und schreibe stichwortartig den wichtigsten Inhalt dazu.*

Stationenlernen DIE ALTEN ÄGYPTER – Bestell-Nr. 12 028

Priester

!

Religion & Glaube

Im alten Ägypten hatten die Priester keine __________ von Gläubigen zu betreuen und mussten somit keine _________ für ihre _________ sein. Die Hohen Priester waren sehr _________ . Sie konnten ________, ________ und ________. Somit hatten sie besondere _________ und waren im Tempel als Astrologen, _________, Sänger, _________, Verwaltungsbeamte und _________ beschäftigt. Zu den wichtigsten Aufgaben zählten jedoch sowohl die _________ und _________ der Götter als auch die Betreuung der Tempel. Nur sie durften den _________ Schrein öffnen, in dem eine Statue der _________ aufbewahrt wurde, der sie dienten. Hohe Priester kümmerten sich um den toten _________. Denn sie mussten ihn _________, einbalsamieren und feierlich _________. Auch mussten sie den Göttern _________ darbringen. Das _________ konnte vererbt werden, aber auch nach dem Willen des Pharaos _________ werden. Somit gab es sowohl _________ als auch _________ Priester.

Aufgabe 1: *Schreibe den Text in dein Heft ab und vervollständige die Lücken.* 

bestimmt – einsalben – heiligen – Anbetung – Opfer – Musikanten – Aufgaben – gebildet – Tempeldiener schreiben – männliche – Priesteramt – Mitmenschen – lesen – Vorbilder – Pharao – Gemeinde – rechnen Vorlesepriester – Verehrung – Gottheit – bestatten – weibliche

Aufgabe 2: *Es gab im Alten Ägypten die Möglichkeit „Vollzeit-“ und „Teilzeit“-Priester zu werden. Was machte ein „Vollzeit“- und „Teilzeit“-Priester? Sammelt eigene Ideen. Anschließend recherchiert ihr im Internet nach den Aufgabengebieten.*

Pyramiden

Religion & Glaube

Lösungen

Aufgabe 1: Sie waren davon überzeugt, dass es ein Weiterleben nach dem Tod gab. Daher war es wichtig, dass der Pharao auch nach seinem Tod ein angemessenes Haus besaß.

Aufgabe 2: Jede Pyramide ist für die Pharaonen ein/e:

- ☐ *Wohnhaus*
- ☒ *Grabstätte*
- ☐ *Spielplatz*

Aufgabe 3: Irrwege sind eingebaut, damit die Grabkammer des Pharaos nicht von Grabräubern gefunden werden und er in seiner Totenruhe nicht gestört werden konnte.

Aufgabe 4: individuelle Lösung, mögliche Idee:

1. Schutz und Ruhm für den toten Pharao
2. Die Grabkammer

Priester

Religion & Glaube

Lösungen

Aufgabe 1: Im alten Ägypten hatten die Priester keine Gemeinde von Gläubigen zu betreuen und mussten somit keine Vorbilder für ihre Mitmenschen sein. Die Hohen Priester waren sehr gebildet. Sie konnten lesen, schreiben und rechnen. Somit hatten sie besondere Aufgaben und waren im Tempel als Astrologen, Vorlesepriester, Sänger, Musikanten, Verwaltungsbeamte und Tempeldiener beschäftigt. Zu den wichtigsten Aufgaben zählten jedoch sowohl die Anbetung und Verehrung der Götter als auch die Betreuung der Tempel. Nur sie durften den heiligen Schrein öffnen, in dem eine Statue der Gottheit aufbewahrt wurde, der sie dienten. Hohe Priester kümmerten sich um den toten Pharao. Denn sie mussten ihn einsalben, einbalsamieren und feierlich bestatten. Auch mussten sie den Göttern Opfer darbringen. Das Priesteramt konnte vererbt werden, aber auch nach dem Willen des Pharaos bestimmt werden. Somit gab es sowohl weibliche als auch männliche Priester.

Aufgabe 2:

„Vollzeit"-Priester:
- ► widmeten ihr ganzes Leben dem Dienst an ihrem Gott

„Teilzeit"-Priester:
- ► gehörten zur Arbeiterklasse (Staatsbeamte, Handwerker oder Bauarbeiter)
- ► ein Monat im Jahr für den Dienst eines Gottes verpflichten
- ► kamen meistens zum Einsatz bei Totenritualen und waren Gast bei Bestattungen (sprachen Gebete für den Toten und brachten die Opfergaben dar)

Mumien

✶

Religion & Glaube

Kanopengefäße

Die Ägypter mumifizierten ihre Verstorbenen, damit die Seele in den Körper des Verstorbenen zurückkehren und er im Jenseits weiterleben konnte. Priester führten diese Mumifizierung durch. Sie dauerte etwa 70 Tage. Die Mumifizierung begann mit der Waschung des Toten, der dazu auf dem Tisch lag. Anschließend wurde das Gehirn mit einem langen Haken durch die Nase gezogen und weggeworfen. Danach wurde der Bauch an der linken Seite aufgeschnitten und die Eingeweide bis auf das Herz herausgenommen. Mit Palmwein wurde der Bauchraum gereinigt. Danach wurden Magen, Leber, Lunge und Gedärme gewaschen und mit reichlich Natron in vier Kanopengefäße gefüllt. Daraufhin wurde der ganze Körper mit Natron bedeckt. Nach 40 Tagen kam flüssiges Harz in den Schädel und in den Bauchraum Myrrhe, Kassia, Leinen und Sägespäne und wurde anschließend zugenäht. Mit duftendem Salböl wurde der Leichnam eingerieben und mit langen, in Harz getränkten Leinenbinden, fest umwickelt. Dabei wurden einige Zaubersprüche und Amulette mit eingewickelt und ein Gebet gesprochen. Am Ende bedeckte der Priester das Gesicht mit einer Totenmaske und legte die Mumie in einen Sarg.

Aufgabe 1: *Du bist der Priester und sollst Bekannten beschreiben, wie du die Mumifizierung durchführst. Schreibe eine Anleitung (Materialliste, stichwortartige Durchführung).*

Aufgabe 2: *Weshalb durfte das Herz des Toten nicht aus dem Körper entfernt werden?*

Aufgabe 3: *Weshalb verwendete man Natron bei der Mumifizierung? Mache einen Versuch über 7 Tage mit zwei Tellern, zwei Apfelscheiben und Backpulver. Eine Scheibe immer gut mit Backpulver bedeckt halten, die andere unberührt liegen lassen.*

Pharaonen

!

Religion & Glaube

Tutanchamun

Pharao ist der Titel der ägyptischen Könige und bedeutet „großes Haus", d.h. Palast. Der Pharao war die absolute Hauptperson im ägyptischen Staat und somit Alleinherrscher. Er hatte alle Macht und alle Befehlsgewalt. Ihm gehörte das gesamte Land. Dazu zählten alle freien Menschen, alle Sklaven und Tiere, die darin lebten. Für die Menschen im Alten Ägypten war der Pharao Herrscher und Gott in einer Person. Durch die Thronbesteigung wurde er in den Augen der Menschen zum Gott.

In der Bibel wird der Pharao als ruhmsüchtiger und eigensinniger Machthaber dargestellt, der auf dem Rücken der Sklaven Denkmäler zu seinen Ehren errichten ließ. Beim Bau der Pyramiden soll die ägyptische Bevölkerung unter erbärmlichen Umständen gearbeitet und Tausende ihr Leben verloren haben.

Dies konnte jedoch durch archäologische Funde widerlegt werden. Pharaonen hatten ihre Arbeiter gut entlohnt und eine sehr gute medizinische Versorgung geboten. Bescheidenheit gehörte zwar nicht gerade zu ihren Stärken, aber skrupellose Tyrannen waren sie ganz sicher nicht. Denn in seinem Staat musste der Pharao gewährleisten, dass die Wahrheit und Gerechtigkeit eingehalten wurden.

Aufgabe 1: *Schreibe aus dem Text alle Bereiche heraus, über die der Pharao bestimmte.*

Aufgabe 2: *Wie stellt die Bibel den Pharao dar?*

Aufgabe 3: *Weshalb wurde der Pharao mit Gott verglichen? Stellt Vermutungen an und diskutiert diese in Partner- oder Gruppenarbeit.*

KOHL VERLAG Stationenlernen DIE ALTEN ÄGYPTER – Bestell-Nr. 12 028

Mumien

Religion & Glaube

Lösungen

Aufgabe 1: Material: Wasser, Tisch, langer Haken, Messer, Palmwein, Natron, Kanopengefäße, flüssiges Harz, Myrrhe, Kassia, Leinen, Sägespäne, Salböl, Leinenbinden, Amulette, Totenmaske, Sarg

Mumifizierung:

1. Leichnam waschen und auf einen Tisch legen.
2. Gehirn mit langem Haken durch die Nase herausziehen.
3. Bauch links aufschneiden und Eingeweide bis aufs Herz herausnehmen.
4. Bauchhöhle mit Palmwein reinigen.
5. Magen, Leber, Lunge, Gedärme waschen und mit Natron in Kanopen füllen.
6. Leichnam mit Natron bedecken.
7. Nach 40 Tagen Schädel mit flüssigem Harz füllen, Bauch mit Myrrhe, Kassia, Leinen und Sägespäne stopfen und zunähen.
8. Leichnam mit duftendem Salböl einreiben und fest mit langen, in Harz getränkten Leinenbinden umwickeln. Zaubersprüche und Amulette mit einwickeln und ein Gebet sprechen.
9. Gesicht mit Totenmaske bedecken und Mumie in den Sarg legen.

Aufgabe 2: Das Herz benötigt der Verstorbene für seine Reise ins Jenseits und damit er beim Totengericht bestehen kann.

Aufgabe 3:

1. Wende eine Scheibe rundum in Backpulver und lege sie auf einen Teller.
2. Lege die andere Scheibe auf den zweiten Teller.
3. Lass beide Teller eine Woche stehen und verteile hin und wieder das Backpulver gleichmäßig über dem einen Apfelstück.

Das Apfelstück ohne Backpulver vergammelt, das mit Backpulver trocknet aus. Backpulver enthält Natron und dieses Salz ist dem Stoff ähnlich, mit dem die Ägypter ihre Toten mumifizierten. Natron entzieht dem Obst Feuchtigkeit und macht es somit haltbar.

Pharaonen

Religion & Glaube

Lösungen

Aufgabe 1: Er hatte alle Macht und alle Befehlsgewalt. Ihm gehörte das gesamte Land. Dazu zählten alle freien Menschen, alle Sklaven und Tiere, die darin lebten.

Aufgabe 2: In der Bibel wird der Pharao als ruhmsüchtiger und eigensinniger Machthaber dargestellt, der auf dem Rücken der Sklaven Denkmäler zu seinen Ehren errichten ließ. Beim Bau der Pyramiden soll die ägyptische Bevölkerung unter erbärmlichen Umständen gearbeitet und Tausende ihr Leben verloren haben. Die Bibel stellt den Pharao als machtgierigen Herrscher dar, der wegen seiner Ruhmsucht über Leichen gehen würde.

Aufgabe 3: Durch die Krönung wurde die Göttlichkeit aktiviert. Somit wurde der Pharao irdischer Repräsentant der Götter. Damit verbunden übergaben die Gottheiten ihren Thron, lange Regierungsjahre und das Land Ägypten.

- ► der Pharao herrschte über alle Lebewesen in seinem Land
- ► Thronbesteigung symbolisiert Göttlichkeit
- ► er gab den Menschen Arbeit, medizinische Versorgung
- ► er achtete auf Gerechtigkeit und Wahrheit

KOHL VERLAG Stationenlernen DIE ALTEN ÄGYPTER – Bestell-Nr. 12 028

Opfergaben

Religion & Glaube

Die Alten Ägypter glaubten an ein Weiterleben nach dem Tod. Sie waren überzeugt, dass die Verstorbenen im Jenseits ein Leben führten, das dem auf Erden glich. Daher wurde das Grab mit zahlreichen Grabbeigaben versehen.

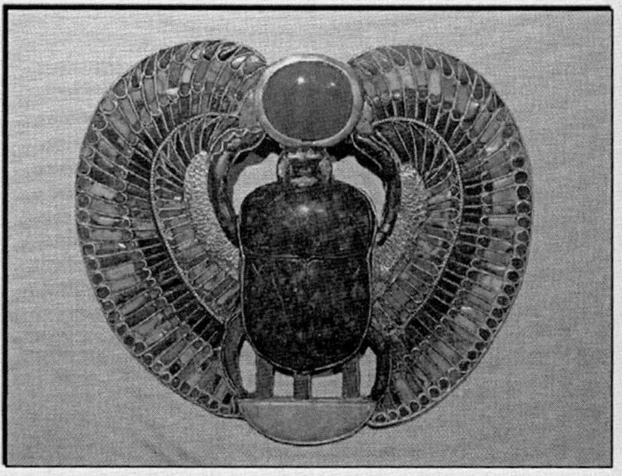

Aufgabe 1: *Beschreibt die Bilder. Was könnt ihr darauf erkennen, was stellen sie dar und welche Bedeutung hatten sie?*

Aufgabe 2: *Stellt Vermutungen an, welche Grabbeigaben wichtig für das Leben im Jenseits waren und schreibt diese auf.*

Götterwelt – Memory

Religion & Glaube

Falkenkopf. Er wird vom lebenden Pharao verkörpert.	Schakalkopf. Er wacht über das Totenreich und wiegt beim Totengericht das Herz des Verstorbenen.	Thron oder Kuhhörner und Sonnenscheibe. Die oberste Göttin beschützt Frauen und Kinder.	Ibiskopf. Er beschützt Schreiber und Gelehrte.
Straußenfeder auf dem Kopf. Beim Totengericht wird das Herz des Toten gegen ihre "Feder der Wahrheit" gewogen.	Krummstab und Geißel. Er herrscht über das Jenseits und die Toten.	Kuhhörner und Sonnenscheibe, manchmal Kuhkopf. Sie bringt Nahrung und beschützt die Frauen.	Falkenkopf und Sonnenscheibe. Er wird als Sonne jeden Tag neu geboren und macht damit das Leben auf der Erde möglich.

Aufgabe 1: *Schneide die Bilder und Beschreibungen der Götter aus. Spiele mit deinem Tischnachbarn eine Runde Memory.*

Aufgabe 2: *Schreibt die Namen (rechts des Memorys) der Götter in euer Heft und ordnet eure Pärchen den richtigen Götternamen zu. Das Memory könnt ihr in einem Briefumschlag im Heft aufbewahren.*

Re – Sonnengott;
Osiris – Gott der Wiedergeburt, der Unterwelt und der Fruchtbarkeit; Mann der Isis;
Isis – Muttergöttin; Frau des Osiris;
Horus – Himmelsgott; Sohn von Isis und Osiris;
Hathor – Göttin der Liebe und der Freude;
Anubis – Gott der Einbalsamierung und der Gräber;
Thot – Gott der Schreiber;
Maat – Göttin der Wahrheit und Gerechtigkeit

Opfergaben

Religion & Glaube

Lösungen

Aufgabe 1:

1. Amulett mit einem Skarabäus. Der Skarabäus stand als Symbol der Schöpferkraft. Das Amulett trugen die Ägypter als Schutz- oder Glücksamulett.
2. Kleine Statuen in Mumiengestalt (14-20cm groß). Sie stellten die Diener des Pharaos dar.
3. Großes rundbodiges Tongefäß mit der Darstellung eines galoppierenden Pferdes. Hauptsächlich dienten Keramikgefäße als Haushaltsware. Sie wurden zur Lagerung, Zubereitung, Transport und Verzehr von Lebensmitteln und Rohstoffen verwendet. Dieser Krug könnte beispielsweise als Wasserbehälter gedient haben.

Aufgabe 2:

- ► Amulette, als Schutz- und Glücksamulette
- ► Speisen, Getränke, Geschirr, damit sie nicht verhungern, verdursten und ihre gewohnten Essutensilien bei sich haben.
- ► Möbel und andere Einrichtungsgegenstände, damit sie nicht auf dem Boden sitzen, schlafen, essen usw. müssen.
- ► Kleider, Schmuck und Sandalen, damit sie was zum Anziehen haben.
- ► Schminkutensilien und Toilettenartikel zur Schönheits- und Körperpflege.
- ► Ein paar Diener in Form von Uschebtis, kleine Figuren, die Diener darstellen.
- ► Vier Kanopen mit den Eingeweiden

Götterwelt - Memory

Religion & Glaube

Lösungen

Aufgabe 1+2:

Horus Himmelsgott; Sohn von Isis und Osiris Falkenkopf. Er wird vom lebenden Pharao verkörpert.	**Anubis** Gott der Einbalsamierung und der Gräber Schakalkopf. Er wacht über das Totenreich und wiegt beim Totengericht das Herz des Verstorbenen.	**Isis** Mutteregöttin; Frau des Osiris Thron oder Kuhhörner und Sonnenscheibe. Die oberste Göttin beschützt Frauen und Kinder.	**Thoth** Gott der Schreiber Ibiskopf. Er beschützt Schreiber und Gelehrte.
			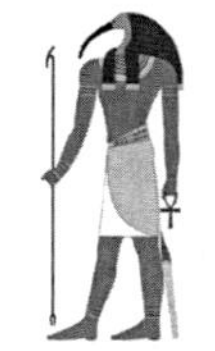
Maat Göttin der Wahrheit und Gerechtigkeit Straußenfeder auf dem Kopf. Beim Totengericht wird das Herz des Toten gegen ihre "Feder der Wahrheit" gewogen.	**Osiris** Gott der Wiedergeburt, der Unterwelt und Fruchtbarkeit Krummstab und Geißel. Er herrscht über das Jenseits und die Toten.	**Hathor** Göttin der Liebe Kuhhörner und Sonnenscheibe, manchmal Kuhkopf. Sie bringt Nahrung und beschützt die Frauen.	**Re** Sonnengott Falkenkopf und Sonnenscheibe. Er wird als Sonne jeden Tag neu geboren und macht damit das Leben auf der Erde möglich.
	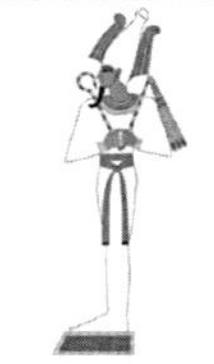		

KOHL VERLAG Stationenlernen DIE ALTEN ÄGYPTER – Bestell-Nr. 12 028

Königtum

Politik & Verwaltung

Die Pharaonen waren biologisch gesehen auch nur ganz normale Menschen. Auch unter ihnen gab es Herrscher mit körperlichen Gebrechen sowie unattraktive Könige. Trotzdem wurden sie auf bildlichen Darstellungen stets idealisiert, jugendlich und schön dargestellt. Zur Tracht eines Pharaos bei offiziellen Anlässen gehörten – wie bei modernen Königen auch – bestimmte Kennzeichen seines Status.

Aufgabe 1: *Auf den oberen Bildern kannst du verschiedene Darstellungen von Pharaonen und ihren Herrschaftssymbolen erkennen. – Schneide die Bilder aus, klebe sie in dein Heft und schreibe dazu, welche Merkmale zu einer Königstracht gehörten.*

KOHL VERLAG Stationenlernen DIE ALTEN ÄGYPTER – Bestell-Nr. 12 028

Hauptstadt

!

Politik & Verwaltung

Das Alte Ägypten war ein sehr großes Reich. Da man damals noch keine modernen Medien und Kommunikations- bzw. Nachrichtensysteme kannte, war die Verwaltung eines so weit ausgedehnten Herrschaftsraumes sehr schwierig. Zur besseren Organisation wurde das aus der Vereinigung von Ober- und Unterägypten entstandene Reich zur Zeit der Pharaonen deshalb in 42 Gaue (22 in Oberägypten und 20 in Unterägypten) unterteilt. Jeder der beiden Landesteile hatte mit Memphis bzw. Theben seine eigene Hauptstadt.

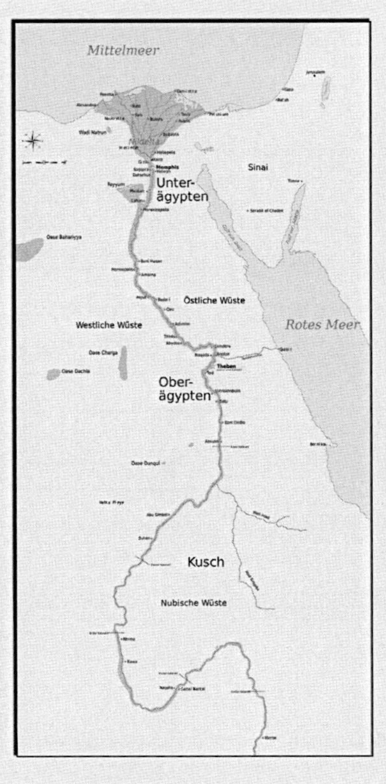

Aufgabe 1: *Informiere dich darüber, was im Alten Ägypten ein „Gau" war. Schreibe die Definition auf.*

Aufgabe 2: *Wieso „blühte" im Alten Ägypten die Korruption und die Unterschlagung von Steuergeldern durch Beamte des Pharaos?*

Aufgabe 3: *Weshalb hatte das Reich zwei Hauptstädte?*

Stationenlernen DIE ALTEN ÄGYPTER – Bestell-Nr. 12 028

Königtum

Politik & Verwaltung

Lösungen

Aufgabe 1: Zur Amtstracht eines Pharaos, wie man sie auch auf vielen bildlichen Darstellungen, Wandmalereien und in Form von Statuen gefunden hat, gehörten: Königskrone (manchmal auch Doppelkrone als Zeichen für das vereinigte Ägypten), Kopftuch, Krummstab, Zepter, Geißel, Geier- oder Schlangendarstellungen (Schutzgötter von Ober- und Unterägypten), Halskragen, falscher Bart mit eingeflochtenen bunten Bändern, Lendenschurz mit Tierschwanz.

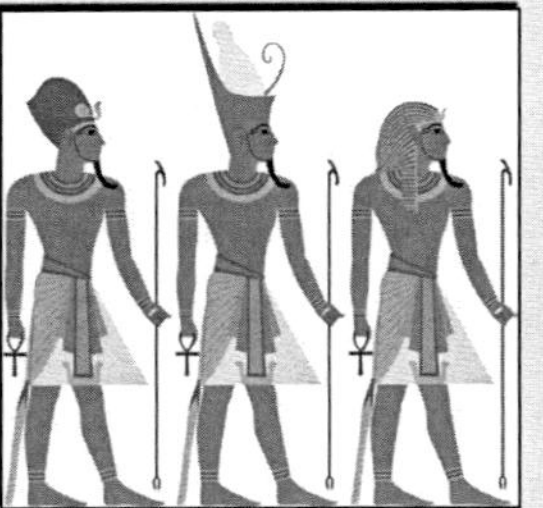
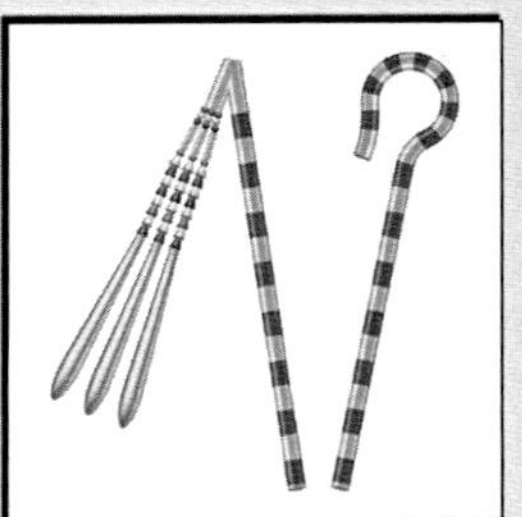

Hauptstadt

Politik & Verwaltung

Lösungen

Aufgabe 1: **Gau** = Altägyptische Verwaltungseinheit entlang des Nils, die aus einem lokalen Fürstentum entstanden ist.

Aufgabe 2: Viele örtliche Verwalter konnten ungestraft Steuern hinterziehen und in ihre eigene Tasche wirtschaften, da das Land aufgrund seiner Größe nicht in allen Bereichen lückenlos durch die Obrigkeit überwacht werden konnte.

Aufgabe 3: Zeitweise war Ägypten in zwei Teile, d.h. in Unter- und Oberägypten aufgegliedert und bildete kein vereintes Königreich. In der Jahrtausende dauernden Geschichte des Großreiches gab es viele Herrscher und somit auch wechselnde Hauptstädte. Zwei Verwaltungssitze erleichterten die Verwaltung des Großreiches sehr.

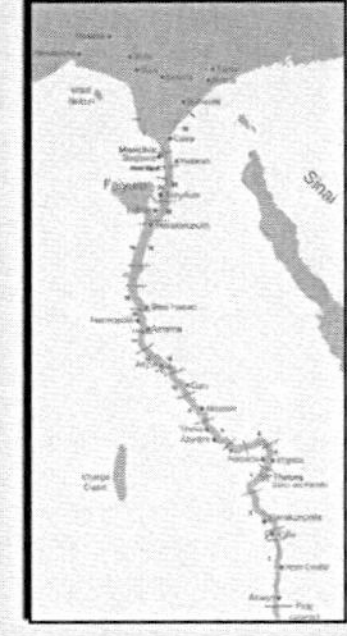
22 Gaue Oberägyptens

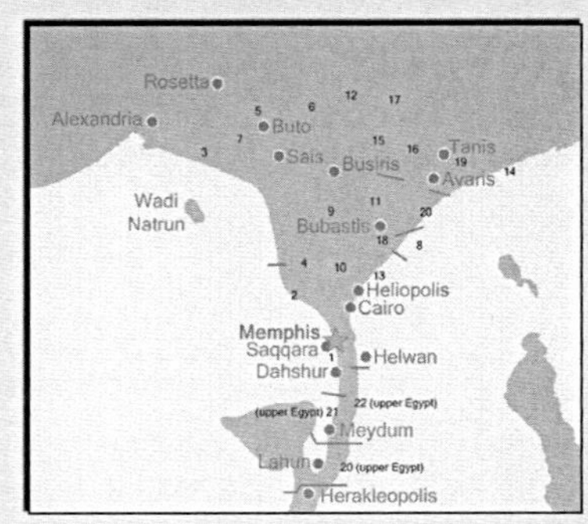

20 Gaue Unterägyptens

Rechtsprechung

⦿

Politik & Verwaltung

Wie auch in heutiger Zeit noch, gab es im Alten Ägypten verschiedene Gerichte bzw. Stufen der Gerichtsbarkeit. Das Oberste Gericht stand unter dem Vorsitz des Wesirs, der als Vertreter des Pharaos richtete. Von diesem Gericht wurden schlimme Vergehen wie z.B. Grabräuberei verhandelt. Für geringere Angelegenheiten waren lokale Gerichte, die jeweils von mehreren Beamten geleitet wurden, zuständig. Bei einer Verhandlung waren Richter, Kläger, Angeklagter und Zeugen zugegen. – Die verhängten Strafen richteten sich nach der Schwere der Tat.

Pfählen	**Nachsitzen**
Den Krokodilen zum Fraß vorgeworfen werden	**Schadensersatz**
An den Pranger stellen	**Frondienst**
Erschießen	**Abschneiden von Nase und Ohren**
Stockschläge	**Todesspritze**
Arbeitsdienst 	**Zwangsarbeit im Steinbruch**
Bei lebendigem Leibe verbrennen	**Sozialstunden**
Elektrischer Stuhl	

Aufgabe 1: *Welche der aufgeführten Strafen stammen nicht aus dem Alten Ägypten, sondern aus neuerer Zeit?*

Aufgabe 2: *Warum waren Strafen wie z.B. das Verstümmeln oder das Verbrennen des Körpers für die Ägypter besonders schlimm und wurden nur in sehr schwerwiegenden Fällen verhängt?*

Gesetze

✶

Politik & Verwaltung

Die Gesetzessammlung im Alten Ägypten war die sog. „Maat". Es war die Aufgabe des jeweiligen Pharaos, auf die Einhaltung der Gesetze zu achten. Leider liegen uns heute nur noch bruchstückhafte Informationen über die damaligen Gesetze vor. Man kann heute nicht mehr mit Sicherheit sagen, wie viele Gesetze die Alten Ägypter hatten. Einen Hinweis fand man jedoch in Form einer Inschrift im Grab des Wesirs Rechmire. Dort wird berichtet, dass der Gerichtsvorsitzende vierzig Schriftrollen mit Gesetzestexten zu einer Verhandlung mitnahm. Die Niederschriften waren für jedermann frei einzusehen bzw. alles konnte nachgelesen werden.

Aufgabe 1: *Auf dem Bild ist die gleichnamige Göttin Maat zu sehen. Finde heraus, wer die Dargestellte mit der Straußenfeder auf dem Kopf ist.*

Aufgabe 2: *Warum machten nur wenig Menschen von ihrem Recht Gebrauch, Gesetze beim Gerichtsvorsitzenden nachzulesen?*

Aufgabe 3: *Hast du eine Idee, wie man Angeklagte, die sich nicht äußern wollten, zum Reden brachte?*

Stationenlernen DIE ALTEN ÄGYPTER – Bestell-Nr. 12 028

Rechtsprechung

Politik & Verwaltung

Lösungen

Aufgabe 1: Falsche Nennungen sind:

An den Pranger stellen – Erschießen – Nachsitzen – Elektrischer Stuhl – Todesspritze – Sozialstunden

Aufgabe 2: Die Ägypter glaubten an ein Leben nach dem Tod, deshalb balsamierten sie auch ihre Toten ein. Nur mit einem intakten Körper konnte man ihrem Glauben zufolge in der Nachwelt weiterleben.

Gesetze

Politik & Verwaltung

Lösungen

Aufgabe 1: Die Göttin Maat war innerhalb der altägyptischen Mythologie eine Tochter des Sonnengottes Re. Sie symbolisierte die moralische Weltordnung. Die nach ihr benannte Gesetzessammlung beinhaltete Vorschriften für die allgemeine Ordnung, Gerechtigkeit und Wahrheit.

Aufgabe 2: Die meisten Menschen konnten damals nicht lesen und schreiben.

Aufgabe 3: Das Gericht ließ Menschen, die eine Aussage verweigerten, oft foltern. Ob die erzwungenen Geständnisse dann der Wahrheit entsprachen, darf bezweifelt werden.

Verwaltungsapparat

!

Politik & Verwaltung

Schreiber im Alten Ägypten

Die Verwaltung im Alten Ägypten war sehr gut und straff organisiert. An der Spitze des altägyptischen Staates stand der Pharao, der als uneingeschränkter und absoluter Herrscher regierte. Ihm folgten in der Hierarchie die Mitglieder der Königsfamilie und ein Wesir, der in seiner Funktion mit einem heutigen Premierminister verglichen werden kann. Darunter kamen die höheren Beamten und Priester und schließlich auf unterster Ebene örtliche Verwalter sowie untere Beamte. Alle Beamten mussten lesen, schreiben und rechnen können. Aus diesem Grund wurden sie auch mit dem Sammelbegriff „Schreiber" bezeichnet. Da man nicht zwischen Staat und Kirche unterschied, wurden auch die Tempelanlagen vom Staat verwaltet.

Aufgabe 1: *Wieso nennt und nannte man die Beamten im Alten Ägypten „Schreiber"?*

Aufgabe 2: *Mit welchem modernen politischen Amt kann man die Position des altägyptischen Wesirs vergleichen? Informiere dich über die offizielle Funktion der beiden Ämter.*

Militärwesen

Politik & Verwaltung

Rekonstruktion einer altägyptischen Festungsanlage

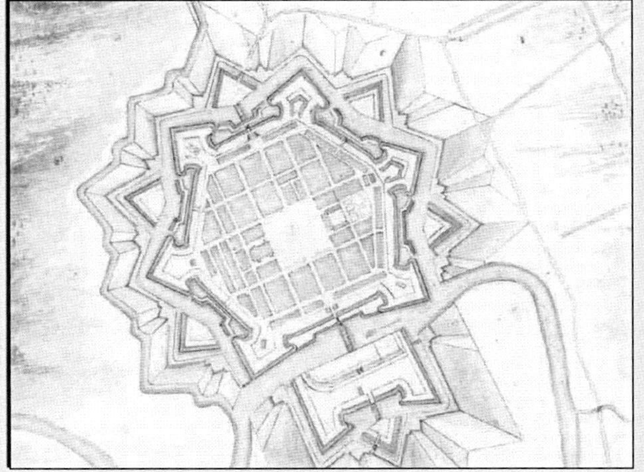
Saarlouis im 17. Jahrhundert

Aufgabe 1: *Auf dem linken Bild kannst du eine Rekonstruktion einer altägyptischen Festungsanlage zur Grenzsicherung aus dem 2. Jahrtausend v.Chr. erkennen. Auf dem rechten Bild ist eine Rekonstruktion einer im 17. Jahrhundert vom französischen Baumeister Vauban im Auftrag Louis XIV errichteten Festung (Stadt Saarlouis) dargestellt. – Ziehe Vergleiche. Bedenke dabei, dass der Franzose seine Anlage erst viele Jahrhunderte nach den Ägyptern geplant und gebaut hat.*

Stationenlernen DIE ALTEN ÄGYPTER – Bestell-Nr. 12 028

Verwaltungsapparat

Politik & Verwaltung

Lösungen

Aufgabe 1: Die Beamten der Pharaonenzeit wurden „Schreiber“ genannt, da sie als Einstellungskriterium vor allem lesen und schreiben (aber auch rechnen) können mussten. Diese Fähigkeiten waren Grundvoraussetzungen für ihre komplexen Aufgaben innerhalb der Staatsverwaltung.

Aufgabe 2: Einen **Wesir** kann man mit einem modernen **Premierminister** vergleichen. Als ranghöchster Beamter im Alten Ägypten empfing der **Wesir** nur Befehle vom Pharao und war diesem direkt unterstellt. Er hatte die Oberaufsicht über alle anderen Beamten des Reiches. Ein **Premierminister** ist der ranghöchste Minister in einem Kabinett innerhalb eines Königreiches.

Militärwesen

Politik & Verwaltung

Lösungen

Aufgabe 1: Beide Festungen dienten der Sicherung der Außengrenzen des Reiches. Die Anlagen waren von hohen Mauern und Gräben umgeben. Auf den Mauern gab es Wehrgänge und Schießscharten. Im festen Abständen wurden die Mauern zusätzlich von Wachtürmen gesichert. Die Festungen wiesen geometrische Grundrisse auf und ihre innere Aufteilung war dank der hohen Festungsmauern von Angreifern nicht einsehbar.

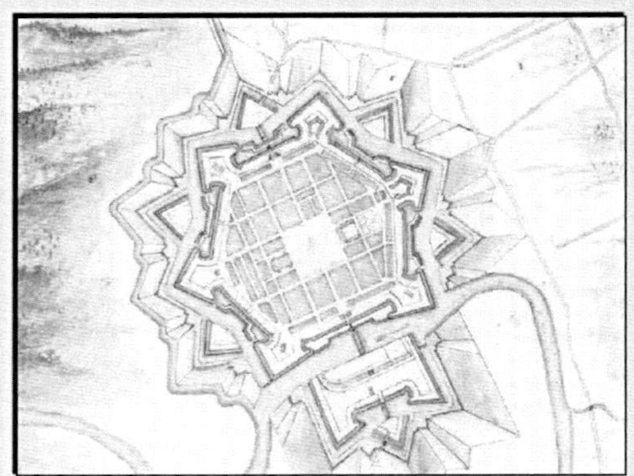

Kriege

Politik & Verwaltung

Aufgrund seiner geografischen Lage	lernte man aus den eigenen Fehlern und schuf zu Verteidigungszwecken eine gut geordnete Armee.
Im Nordosten grenzte das Reich an das Sinai-Gebirge, im Nordosten an die lybische Wüste,	durch fremde Mächte bedroht und es wurde deshalb kein stehendes Heer unterhalten.
Bis etwa 1700 v.Chr. wurden die Außengrenzen Ägyptens nicht ernsthaft	sondern war darauf bedacht, seinen Herrschaftsbereich über die Jahrhunderte hinweg zu bewahren.
Der Pharao hatte zu seinem persönlichen Schutz	durch den Bau von Festungen gesichert.
Über das Land verteilt befehligten die einzelnen Gaufürsten	im Süden an Felsformationen entlang des Nils und im Norden an das Mittelmeer.
Die Grenzverläufe wurden in ungeschützten Zonen	gab es u.a. für schnelle Truppentransporte eine eigene Marine.
Im 18. Jahrhundert v.Chr. wurde der Norden Ägyptens	kleinere Abteilungen aus schlecht ausgebildeten Wehrdienstleistenden und Söldnern.
Nachdem es etwa 100 Jahre später gelang, die Invasoren zu vertreiben,	eine eigene, aus mehreren Tausend Mann bestehende Leibgarde.
Da sich Ägypten entlang des mächtigen Flusses Nil erstreckt(e) und auch an das Mittelmeer grenzt(e),	war Ägypten gut vor feindlichen Angriffen geschützt.
Ägypten führte eigentlich nie richtige Eroberungskriege,	von der Hyksos, einem Zusammenschluss asiatischer Könige, erobert.

Aufgabe 1: *Da ist einiges durcheinandergeraten. Lies die Satzteile und entscheide, was zusammenpasst. Male zusammengehörige Satzfragmente in derselben Farbe an und schreibe die Sätze geordnet in dein Heft.*

Steuern & Abgaben

Politik & Verwaltung

Im Alten Ägypten galt die Vorstellung, dass alle Güter, Ländereien und alles sonstige dem Pharao gehörte. Alle Untertanen waren dem König hörig und mussten Steuern und Abgaben sowie Frondienste in Form von Feldarbeiten, Steinbruch- und Bauarbeiten leisten. So wurden z.B. Erntesteuern, die sich nach der Menge des durch das jährliche Nilhochwasser auf die Äcker geschwemmten Schlamms richteten, erhoben. Außerdem mussten auch Wege- bzw. Hafenzölle gezahlt werden. Für die Berechnung und das Eintreiben der zu zahlenden Steuern waren die sog. Schreiber zuständig. Diese Beamten im Auftrag des Pharaos wurden vom Wesir befehligt.

Aufgabe 1: *Was könnte mit den „inoffiziellen Tätigkeiten“ der Beamten im Alten Ägypten gemeint sein?*

Aufgabe 2: *Wenn jemand in unserer heutigen Zeit Steuern hinterzieht, betrügt er den Staat bzw. die Allgemeinheit. Wen hat ein Steuerhinterzieher im Alten Ägypten betrogen? Weshalb wurde dies so hart bestraft?*

KOHL VERLAG Stationenlernen DIE ALTEN ÄGYPTER – Bestell-Nr. 12 028

<u>Kriege</u>

Politik & Verwaltung

Lösungen

Aufgabe 1: die richtigen Zuordnungen sind:

- Aufgrund seiner geografischen Lage war Ägypten gut vor feindlichen Angriffen geschützt.
- Im Nordosten grenzte das Reich an das Sinai-Gebirge, im Nordosten an die libysche Wüste, im Süden an Felsformationen entlang des Nils und im Norden an das Mittelmeer.
- Bis etwa 1700 v.Chr. wurden die Außengrenzen Ägyptens nicht ernsthaft durch fremde Mächte bedroht und es wurde deshalb kein stehendes Heer unterhalten.
- Der Pharao hatte zu seinem persönlichen Schutz eine eigene, aus mehreren Tausend Mann bestehende Leibgarde.
- Über das Land verteilt befehligten die einzelnen Gaufürsten kleinere Abteilungen aus schlecht ausgebildeten Wehrdienstleistenden und Söldnern.
- Die Grenzverläufe wurden in ungeschützten Zonen durch den Bau von Festungen gesichert.
- Im 18. Jahrhundert v.Chr. wurde der Norden Ägyptens von der Hyksos, einem Zusammenschluss asiatischer Könige, erobert.
- Nachdem es etwa 100 Jahre später gelang, die Invasoren zu vertreiben, lernte man aus den eigenen Fehlern und schuf zu Verteidigungszwecken eine gut geordnete Armee.
- Da sich Ägypten entlang des mächtigen Flusses Nil erstreckt(e) und auch an das Mittelmeer grenzt(e), gab es u.a. für schnelle Truppentransporte eine eigene Marine.
- Ägypten führte eigentlich nie richtige Eroberungskriege, sondern war darauf bedacht, seinen Herrschaftsbereich über die Jahrhunderte hinweg zu bewahren.

<u>Steuern & Abgaben</u>

Politik & Verwaltung

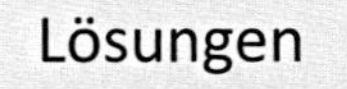

Lösungen

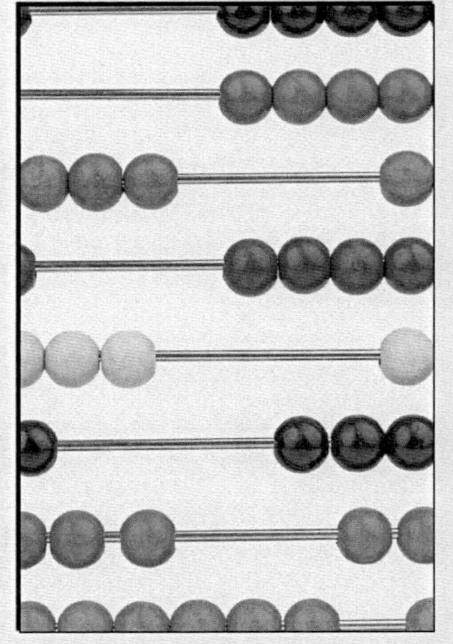

Aufgabe 1: Inoffiziell wirtschafteten viele Steuereintreiber des Pharaos in die eigene Tasche, indem sie überzogene Steuern eintrieben und den Mehrertrag für sich behielten oder indem sie offen waren für Bestechungen und Gefälligkeiten.

Aufgabe 2: Steuerhinterziehung wurde im Alten Ägypten mit der Prügelstrafe geahndet, denn mit der Unterschlagung von Steuergeldern betrog man den gottgleichen Pharao, der diese Abgaben für sich selbst erheben ließ. 100 Schläge mit einem Stock oder einer Rute waren bei den Untertanen sehr gefürchtet.

KOHL VERLAG Stationenlernen DIE ALTEN ÄGYPTER – Bestell-Nr. 12 028

Astronomie

Erkenntnisse & Erfindungen

a) Es besteht aus 12 Sternbildern.

b) Sie konnten Naturereignisse in der ... voraussagen.

c) Die Planeten sind ein Teil davon.

d) Die „Stundenhüter" erfanden sie.

e) Dieser entwickelte sich aus den 12 Sternbildern (Sternbilder = Monate)

f) Sie waren nicht nur „Häuser des ewigen Lebens", sondern auch Observatorien.

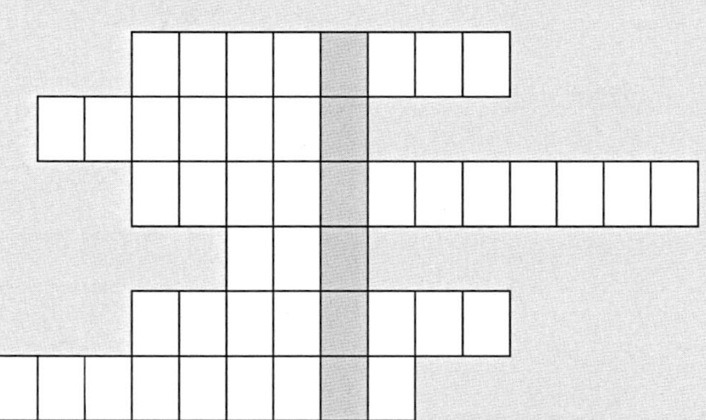

LÖSUNGSWORT: _ _ _ _ _ _

Aufgabe 1: *Die Alten Ägypter waren sehr erfinderisch. Was sie alles erfunden haben, musst du im Rätsel herausfinden.*

Aufgabe 2: *Welche Ereignisse gaben den Sternbildern Fische, Widder und Waage ihre Namen?*

Aufgabe 3: *Weshalb wurden die Pyramiden auch als Observatorien genutzt?*

Medizin

Erkenntnisse & Erfindungen

Die Alten Ägypter stellten bereits Arzneimittel aus Pflanzen- und Tierprodukten her. Sie hatten mindestens 160 Pflanzenprodukte wie Myrrhe, Datteln oder Sellerie und zahlreiche Tierprodukte. Das beliebteste Tierprodukt war der Honig. Dieser wurde zur Heilung von Magen-Darm-Verstimmungen und Brandwunden, aber auch zur Behandlung von Geschwüren benutzt.

Gewürze

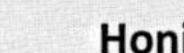

Honig

Diese zahlreichen Arzneiprodukte hatten die Ägypter entwickelt, da sie schon sehr viele Krankheiten zu behandeln versuchten. Viele dieser Krankheiten gibt es auch heute noch. Hierzu zählen unter anderem: Arteriosklerose, Tuberkulose, Diabetes, Arthrose, Skorbut und Malaria.

Aufgabe 1: *Bei welchen Krankheiten wurde Honig als Arznei eingesetzt?*

Aufgabe 2: *Welche Wirkung wird Honig zugeschrieben? In welchen Krankheitsfällen wird Honig heute gerne noch benutzt?*

Aufgabe 3: *Suche mit Hilfe des Dudens oder Internets nach den Krankheiten und schreibe die Erklärung in dein Heft.*

Astronomie

Lösungen

Aufgabe 1:

			a)	H	O	R	O	S	K	O	P			
		b)	Z	U	K	U	N	F	T					
			c)	S	O	N	N	E	N	S	Y	S	T	E	M
					d)	U	H	R						
			e)	K	A	L	E	N	D	E	R			
f)	P	Y	R	A	M	I	D	E	N					

LÖSUNGSWORT: **STERNE**

Aufgabe 2: **„Fische“**: Die Tiere sammelten sich nach der Nilschwemme in den Seitenarmen. Daher wurde dieser Zeitabschnitt bzw. Naturereignis als „Fische“ bezeichnet.

„Widder“: In diesem Zeitraum mussten die Schafe geschoren werden.

„Waage“: Auch in Ägypten mussten Steuern gezahlt werden. Somit mussten die Ägypter zu einem bestimmten Zeitpunkt den Zehnten an die Priester abgeben.

Aufgabe 3: Die Pyramiden sind exakt auf die Himmelsrichtungen ausgerichtet, sodass sie nicht nur als Sonnenuhr und Kalender genutzt wurden, sondern als Observatorien. Sie waren perfekt dazu geeignet, wichtige Fixsterne und den Verlauf des Jahres zu beobachten.

Medizin

Lösungen

Aufgabe 1: Bei Magen-Darm-Verstimmung, Brandwunden und Geschwüren

Aufgabe 2: Honig hat eine keimtötende Wirkung. Somit konnte dieser bei den weniger schlimmen Fällen eingesetzt und die Krankheit bekämpft werden.

Heutige Verwendung des Honigs als Arznei: kleine Wunden, Hals- und Hautprobleme, Magen-Darmbeschwerden und Pilzinfektionen.

Aufgabe 3:

Arteriosklerose: Arterienverkalkung, die von zu viel Essen, zu wenig Bewegung und zu viel Stress ausgelöst wird.

Tuberkulose: Als „Schwindsucht“ bezeichnete bakterielle Erkrankung.

Diabetes: Zuckerkrankheit

Arthrose: Verschleiß der Gelenke (durch harte Arbeit)

Skorbut: Vitaminmangelkrankheit – Bei Verzicht auf Vitamin C kommt es zu Erschöpfung, Hautkrankheiten und einem schwachen Immunsystem

Malaria: Besonders in den Tropen vorkommende, durch Stechmücken übertragene Infektionskrankheit mit periodisch auftretendem hohem Fieber.

Mathematik

!

Erkenntnisse & Erfindungen

Ohne mathematische Kenntnisse wäre der Pyramidenbau nicht möglich gewesen. Die Ägypter verwendeten ein Dezimalsystem. Neben den vier Grundrechenarten kannten sie bereits Stammbrüche und konnten Gleichungen mit einer Variablen berechnen.

Die Ägypter nutzten ihren Körper, um Maße festzulegen. So entstanden ihre Maßeinheiten.

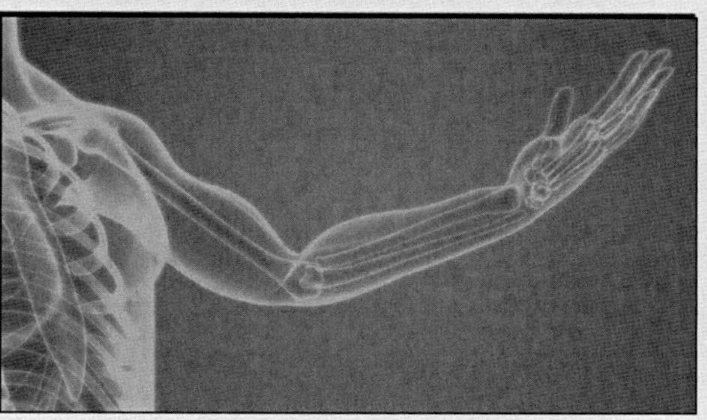

HANDBREIT

ELLE

LAND-ELLE

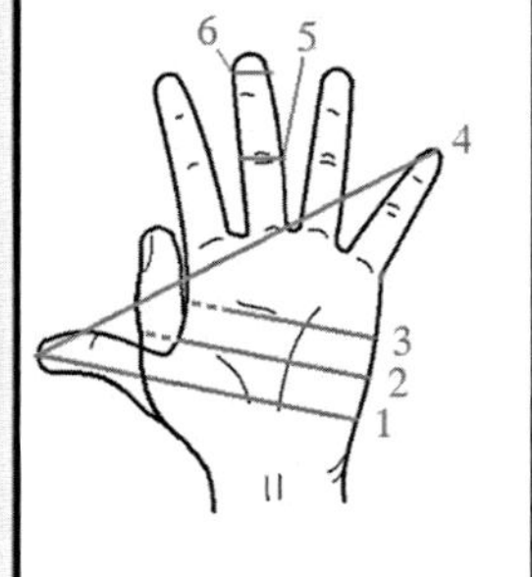

Aufgabe 1: *Ordne zwei Maßeinheiten das passende Bild zu und erkläre diese. Welche Maßeinheit bleibt übrig?*

Aufgabe 2: *Wie kamen die Ägypter auf das Dezimalsystem?*

Aufgabe 3: *Was benötigen wir zur Berechnung einer rechteckigen Fläche und wie berechnen wir diese? Berechne die Fläche eines 3 m langen und 7 m breiten Grundstücks.*

Bildhauerei

Erkenntnisse & Erfindungen

TYP A

TYP B

Aufgabe 1: *Betrachte die Bilder und erstelle eine Definition zum Begriff „Skulptur".*

Aufgabe 2: *Begründe, weshalb die Ägypter kein Holz zur Herstellung ihrer Skulpturen verwendeten.*

Aufgabe 3: *Beschreibe die Unterschiede der beiden Skulpturen. Erkläre die Bedeutungen der Skulpturen Typ A und Typ B. Fertige dazu eine Tabelle an.*

Stationenlernen DIE ALTEN ÄGYPTER – Bestell-Nr. 12 028

Mathematik

Erkenntnisse & Erfindungen

Lösungen

Aufgabe 1:

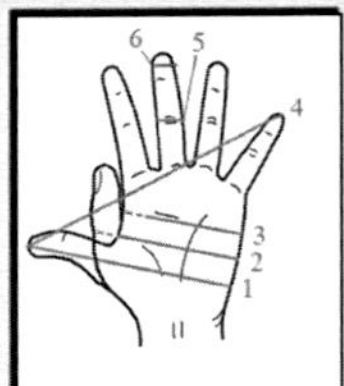

Handbreit: Eine Handbreit war die Breite einer Hand.

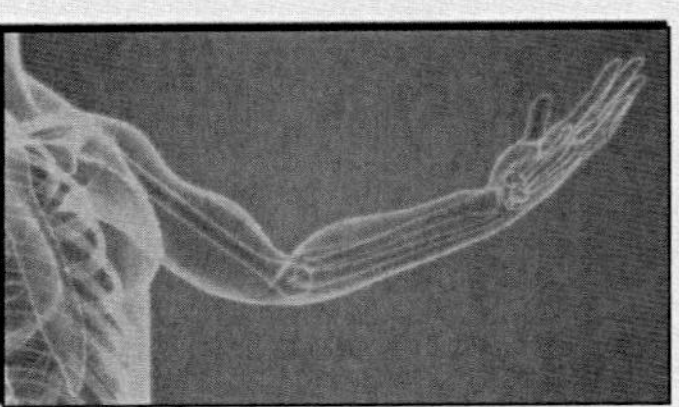

Elle: Eine Elle war die Länge des Arms vom Ellbogen bis zur Fingerspitze.

Aufgabe 2: Das Dezimalsystem entstand durch die zehn Finger unserer Hände.

Aufgabe 3: Wir benötigen die **Länge** und **Breite** des Rechtecks, welche mit Hilfe eines **Metermaßes** gemessen werden. Anschließend wird die **Breite** mit der **Länge multipliziert.**

Grundstück: $3\text{ m} \times 7\text{ m} = 21\text{ m}^2$

Bildhauerei

Erkenntnisse & Erfindungen

Lösungen

Aufgabe 1: **Skulptur**: Die Skulptur ist ein körperhaftes Objekt, welche aus festen Materialien (wie Granit, Kalkstein, ...) erarbeitet wurde und wird. Sie stellt ein dreidimensionales Bildwerk dar.

Aufgabe 2: Holz ist kein witterungsbeständiges Material. Die Skulpturen hätten somit nicht bis in unsere Zeit überdauert. Die Forscher hätten viel weniger Möglichkeiten zur Rekonstruktion dieser Zeit gehabt. Die Ägypter wollten eine lange Präsenz ihres Reiches erreichen.

Aufgabe 3: **Unterschiede: Typ A** ist eine **Sitzskulptur** und **Typ B** ist eine **Stehskulptur**

Sitzskulpturen	Stehskulpturen
Symbolisieren eine Sonderstellung in der Gesellschaft.	Symbolisieren die Fähigkeit zur Bewegung, daher auch Stand-Schreit-Figuren genannt.
Sie thronen = Heraushebung aus der Masse	Anspannung wird sichtbar herausgearbeitet durch Muskulatur und geballte Fäuste.
Sie sitzen steif und unbeweglich.	linkes Bein wird vorgestellt

KOHL VERLAG Stationenlernen DIE ALTEN ÄGYPTER – Bestell-Nr. 12 028

Malerei

!

Erkenntnisse & Erfindungen

Die Malerei der Alten Ägypter ist vor allem bekannt als Wandmalerei. In den Grabkammern der Pharaonenfamilien und hoher Beamter sollte die Seele des Toten an ihr Leben auf der Erde erinnert werden. Sehr häufig wurden bei diesen Wandgemälden auch die Götterwelt und das Totengericht dargestellt. Für diese Malerei verwendeten die Ägypter Mineralfarben. Ocker für _____ , ______ und _______ . Malachit für ______ , Azurit für ______ , Gips oder Kalk für ______ , Holzkohle oder Ruß für _______ . Die ägyptische Malerei beschränkte sich auf wenige Grundfarben, die nach Richtlinien eingesetzt wurden. Gold war das Symbol der _________ , Schwarz wurde für _________ und _________ benutzt. Die Hautfarbe der _________ war braun und die der _________ war gelblich.

doT – ualB – ßieW – nürG – toR – neuarF – zrawhcS – nuarB – ennoS – bleG – gnuhetsrefuA – rennäM

Aufgabe 1: *Schreibe Schlüsselwörter zur Wandmalerei heraus.*

Aufgabe 2: *Schreibe den Lückentext ab, ordne den Mineralien die richtigen Farben zu und ergänze die Symbolik der Farben.*

Aufgabe 3: *Sieh dir die Bilder genau an und notiere die Unterschiede zum Bild aus der heutigen Zeit. Was ist typisch für die ägyptische Malerei? Was fehlt auf den ägyptischen Bildern?*

Schrift

!

Erkenntnisse & Erfindungen

Die ägyptische Schrift gab es bereits 3200 v. Chr. Sie bekam ihren Namen „Hieroglyphen" erst durch die Griechen. Denn sie fanden vor allem an Tempeln und Götterstatuen diese Bildzeichen. Hieroglyphen bedeutete heilige Einkerbungen. Die Lese- und Schreibrichtung dieser Bildzeichen ist nicht wie bei uns eindeutig von links nach rechts. Die Hieroglyphen wurden von rechts nach links, von links nach rechts oder von oben nach unten geschrieben. Um die Wörter von einander abzugrenzen, wurden die zusammengehörenden Bildzeichen rechteckförmig in Zeilen geschrieben und mit einem Querstrich am Anfang und Ende oder einer Umrandung der Zeichen versehen.

Wandmalerei

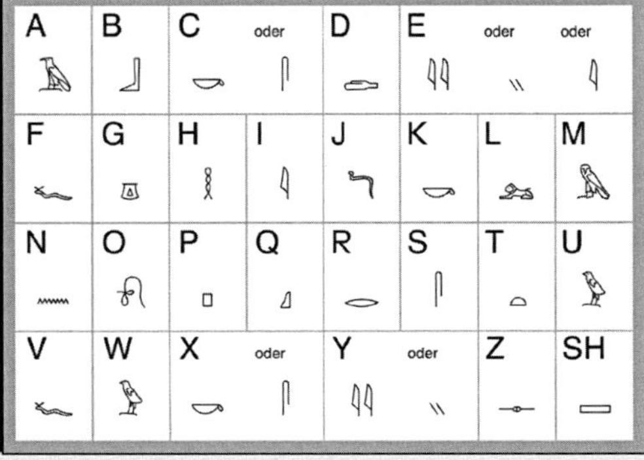

A	B	C	oder	D	E	oder	oder
F	G	H	I	J	K	L	M
N	O	P	Q	R	S	T	U
V	W	X	oder	Y	oder	Z	SH

Alphabet

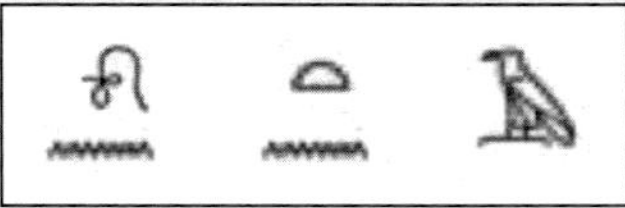

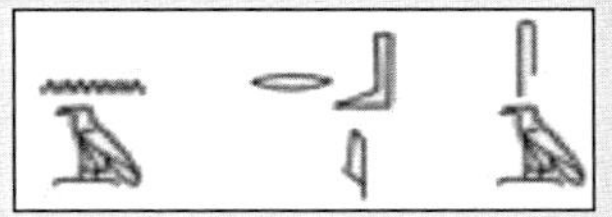

Aufgabe 1: *Versuche mithilfe des Alphabets die Namen zu entziffern. Die Leserichtung ist hier von rechts nach links.*

Aufgabe 2: *Schreibe deinen Namen mit den Hieroglyphen.*

Malerei

Erkenntnisse & Erfindungen

Lösungen

Aufgabe 1: In den Grabkammern der Pharaonenfamilien und hoher Beamter sollte die Seele des Toten an ihr Leben auf der Erde erinnert werden. Sehr häufig wurden bei diesen Wandgemälden auch die Götterwelt und das Totengericht dargestellt.

Aufgabe 2: Ocker für Rot, Gelb und Braun. Malachit für Grün, Azurit für Blau, Gips oder Kalk für Weiß, Holzkohle oder Ruß für Schwarz. Die ägyptische Malerei beschränkte sich auf wenige Grundfarben, die nach Richtlinien eingesetzt wurden. Gold war das Symbol der Sonne, Schwarz wurde für Tod und Auferstehung benutzt. Die Hautfarbe der Männer war braun und die der Frauen war gelblich.

Aufgabe 3: Ägyptische Malerei:

- Kopf und Beine im Profil dargestellt
- Oberkörper, Arme und ein Auge frontal dargestellt
- Hauptfiguren größer als Nebenfiguren dargestellt (hebt die Wichtigkeit und Stellung der Person hervor)
- Menschen meist starr dargestellt (aktive Bewegung wurde vermieden)
- keine Perspektive vorhanden
- kein Hintergrund vorhanden (lenkte zu sehr vom Wesentlichen ab)
- kein Schattenwurf

Schrift

Erkenntnisse & Erfindungen

Lösungen

Aufgabe 1:

Anton

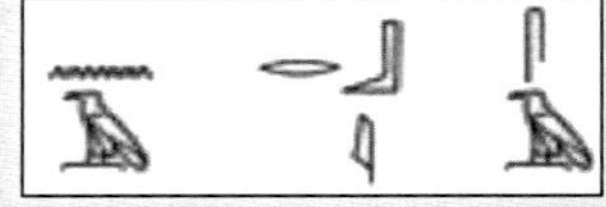

Sabrina

Aufgabe 2: Individuelle Lösung

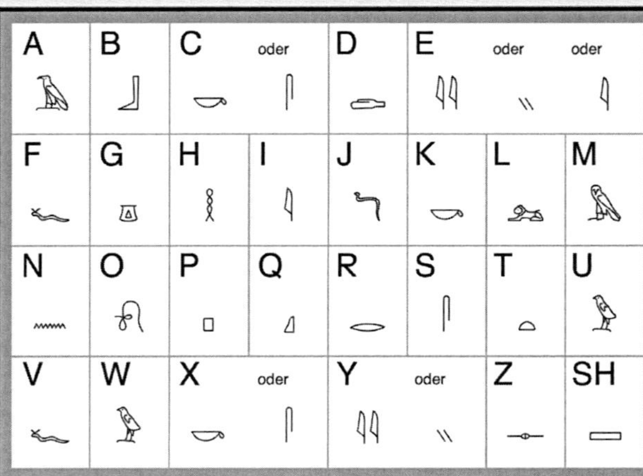

A	B	C oder		D	E oder	oder	
F	G	H	I	J	K	L	M
N	O	P	Q	R	S	T	U
V	W	X oder		Y oder		Z	SH

KOHL VERLAG Stationenlernen DIE ALTEN ÄGYPTER – Bestell-Nr. 12 028

Gärten

Erkenntnisse & Erfindungen

Die alten Ägypter legten nicht nur sehr viel Wert auf ein gepflegtes Äußeres, sondern auch auf ein gepflegtes, schönes und ansehnliches Wohnumfeld. Somit hatten bereits die Ägypter Gärten verschiedenster Art entwickelt. Eine Gartenart war der Lustgarten. Dieser ist mit einem Park der heutigen Zeit zu vergleichen. Weitere Gärten waren Nutz- und Ziergärten. Hier wurden Obst, Gemüse, Nüsse und Gewürze sowie Grünpflanzen und Sträucher angebaut.

K	G	R	A	N	A	T	Ä	P	F	E	L
Z	R	F	A	W	R	C	D	D	D	S	B
R	D	W	T	H	Y	M	I	A	N	E	O
D	D	I	L	L	B	T	T	O	D	N	T
U	A	F	E	I	G	E	N	O	X	F	R
F	D	T	D	X	S	N	Q	L	T	V	A
S	E	A	T	G	X	V	Ä	I	N	M	U
M	E	N	Q	E	B	I	P	V	L	X	B
J	H	S	C	X	L	F	F	E	A	H	E
Q	R	D	A	H	E	N	E	N	U	C	N
T	C	D	A	M	E	G	L	C	C	V	Y
T	H	E	D	Y	X	L	E	C	H	X	Y

Aufgabe 1: *In den Nutzgärten der Ägypter findest du noch heute bekannte Nahrungsmittel. Finde im Suchsel 12 Begriffe.*

Aufgabe 2: *Schreibe die drei Gartenarten heraus und notiere ihre Eigenschaften.*

Essen & Trinken

!

Erkenntnisse & Erfindungen

Der Weinanbau hatte im Alten Ägypten eine lange Tradition. Ein guter Wein erforderte vollen Körpereinsatz. Nach der Lese kamen die Trauben in ein großes Becken. Hierin zerstampften Männer die Beeren mit ihren Füßen. Dadurch entstand Saft, der durch einen seitlichen Abfluss in ein Gefäß lief. Die Maische wurde in einer Sackpresse ausgepresst. Hierfür wurde die Maische in einen Stoffsack gefüllt und Männer drehten mit langen Stangen in gegenläufige Richtungen. Somit pressten sie noch eine große Menge Most aus.

Bier und Wein spielten	und verzehrten deren Trauben und Rosinen oder pressten daraus süßen Saft oder Wein.
Das einfache Volk verköstigte selbstgebrautes	ein eigenes Weingut.
Viele Adlige besaßen im Nildelta	Bier und die Oberschicht widmete sich dem Wein.
Schon im 4. Jahrhundert v. Chr. bauten die Ägypter Weinpflanzen an	sondern auch Weißwein.
Dabei gab es nicht nur Rot-,	bereits im alten Ägypten eine große Rolle.

Aufgabe 1: *Schreibe die Satzanfänge in dein Heft und führe sie richtig fort.*

Aufgabe 2: *Erkläre die Begriffe „Taubenlese", „Maische" und „Most".*

Aufgabe 3: *Beschreibe stichwortartig die Herstellung des Weines im Alten Ägypten. Erstelle zu den einzelnen Schritten passende Bilder.*

Stationenlernen DIE ALTEN ÄGYPTER – Bestell-Nr. 12 028

Gärten

Erkenntnisse & Erfindungen

Lösungen

Aufgabe 1:

K	G	R	A	N	A	T	Ä	P	F	E	L
Z	R	F	A	W	R	C	D	D	D	S	B
R	D	W	T	H	Y	M	I	A	N	E	O
D	D	I	L	L	B	T	T	O	D	N	T
U	A	F	E	I	G	E	N	O	X	F	R
F	D	T	D	X	S	N	Q	L	T	V	A
S	E	A	T	G	X	V	Ä	I	N	M	U
M	E	N	Q	E	B	I	P	V	L	X	B
J	H	S	C	X	L	F	F	E	A	H	E
Q	R	D	A	H	E	N	E	N	U	C	N
T	C	D	A	M	E	G	L	C	C	V	Y
T	H	E	D	Y	X	L	E	C	H	X	Y

Aufgabe 2:

Lustgarten = Park

Nutzgarten = Obst-, Gemüse-, Nuss-, Gewürzanbau

Ziergarten = Anbau von Grünpflanzen und Sträuchern

Essen & Trinken

Erkenntnisse & Erfindungen

Lösungen

Aufgabe 1:

- Bier und Wein spielten bereits im Alten Ägypten eine große Rolle.
- Das einfache Volk verköstigte selbstgebrautes Bier und die Oberschicht widmete sich dem Wein.
- Viele Adlige besaßen im Nildelta ein eigenes Weingut.
- Schon im 4. Jahrhundert v. Chr. bauten die Ägypter Weinpflanzen an und verzehrten deren Trauben und Rosinen oder pressten daraus süßen Saft oder Wein.
- Dabei gab es nicht nur Rot-, sondern auch Weißwein.

Aufgabe 2:

Traubenlese: Die Ernte der Trauben.

Maische: Die Substanz, die nach dem Auspressen der Reben übrig bleibt.

Most: Durch Pressen gewonnener Fruchtsaft. Je nach Gegend kann der Saft bereits vergoren sein.

Aufgabe 3: Ein guter Wein erforderte vollen Körpereinsatz. Nach der Lese kamen die Trauben in ein großes Becken. Hierin zerstampften Männer die Beeren mit ihren Füßen. Dadurch entstand Saft, der durch einen seitlichen Abfluss in ein Gefäß lief. Die Maische wurde in einer Sackpresse ausgepresst. Hierfür wurde die Maische in einen Stoffsack gefüllt und Männer drehten mit langen Stangen in gegenläufige Richtungen. Somit pressten sie noch eine große Menge Most aus.

KOHL VERLAG Stationenlernen DIE ALTEN ÄGYPTER – Bestell-Nr. 12 028